生き方はニーチェに聴け！

白取春彦

Discover

生き方はニーチェに聴け！

はじめに
ニーチェは自己実現の智恵を語った

本書は、人が生きる際に有用となる智恵について語る。

その土台は19世紀に生きたニーチェだ。体調の悪さのために若くして大学を離れ、在野の哲学思想家となったニーチェが何を語ったのかということはたくさんの学者が研究し、説明している。

しかし、私はニーチェの述べたことについて学者たちとはまったく別の読み方をしている。つまり、私の読んだニーチェとは、旧来のしがらみからの脱出と、その次の段階としての自己実現をたくさんの比喩と暗喩を使ってとつとつと語った人なのである。

本心から読者にお願いしたいのは、ニーチェの思想は思考回路の複雑な学者だけが理解できる難しい哲学だと決めつけないでほしいということだ。

本当にニーチェの思想が難しいものであるならば、ニーチェが文章の表現に失敗したか、学者が解読できないでいるかのどちらかだろう。

そしてまた、どんな人にとっても難しいというのであれば、現代人のわたしたちがそれを知って何の益があるだろうか。いったい何の役に立てることができるだろうか。

確かに、ニーチェの文章はそのまま読んですぐに理解できずに疑問符を引きずるような箇所が多いかもしれない。
たとえば、『ツァラトゥストラはかく語りき』という有名な本には「超人」についてあれこれと書かれているのだが、その表現のいくつかは次のようなものだ。
「わたしはきみたちに超人を教える。人間は、超克されるべきところの、何ものかである。きみたちは、人間を超克するために、何をなしたか？」①
「超人は大地の意味である」②
「人間は、動物と超人とのあいだにかけ渡された一本の綱である、――一つの深淵の上にかかる一本の綱である」③（いずれも吉沢伝三郎訳）

この『ツァラトゥストラ』は物語形式になっているのだが、それでもこれらの表現の意味はすぐにはわかりにくい。なぜならば、比喩や暗喩で表現されているからだ。

そしてまた、「超人」という言い方がわたしたちに特定のイメージを与え、何か特殊な人間、あるいはスーパーマンみたいな存在の残像をぬぐいされなくなるからだ。

しかし、ニーチェ独特の表現があたかも詩のような暗喩に充ちていると考えれば、読みとりは決して難しくはない。すると、今しがた引用した部分の主旨は次のように読みとることができる。

①「人間はそのままで人間だというわけではない。人間というものは、常にきのうまでの自分を乗り越え、今またさらに自分を新しくしていく潜在力を持った存在なのである。はたして、きみたちはそのように自分を超克してきたのだろうか」

②「超人とは自己を常に超克していく存在になった人間のことだ。だから、超人とは大地の意味と同じだ。なぜならば、大地は刻々と変化していくものだから。大地は土の中から新しい芽を伸ばし、花にしてから実をつけさせ、そして死を与える。しかし、

死を抱いた大地は死なない。その死から再び生命を結び、また新しい大地となる。超人もまた、その大地のような存在なのである」

③「人間は、食って生きるだけならば、動物と同じである。しかし、食って生きるだけではないから、動物そのものではない。そしてまた、これまでの自己を乗り越えて新しく生きることができるのだから、超人になることに向かってもいる。しかし、その道は安易ではない。まるで一本の綱を渡るようなことだからだ。墜落する危険性もある。しかし、人間はバランスをとってその危ない綱をなんとか渡ろうとするのだ」

ニーチェが数行の文章で示した暗喩にはこれだけ豊かな意味が含まれているのだ。

そして、この引用文の解釈からもわかるように、彼が主に語ろうとしたことは、人間の自己超克性と、それが超人への道だということだ。

ところで、この「自己超克」という言い方は多くの人にとってあまりなじみがないものだから、何か特別な深遠な意味を持っているものだと誤解されるかもしれない。

しかし、何のことはない。自己超克とは、わたしたちがふだんから行なっている自分の変化のことだ。たとえば、怒るのを抑えるのも自己超克だ。相手と和解するのは、怒るのを抑えることよりも高い意義を持つ自己超克なのだ。

だから、敵に対しては戦うか逃げるかしかない動物と人間はちがうとニーチェは指摘しているのだ。そして、自己超克が一つずつ実現化されたとき、わたしたちは以前とはまるでちがう人間になっているのだ。

それが超人なのだ。しかし、ここを越えれば超人になったという門がどこかに設けられているわけではない。超人は、自己超克をし続ける人間の姿そのものなのだ。


ところで、ニーチェが生きていた頃から100年以上たった現代に生きるわたしたちは、自己超克による超人への道程をある一つの便利な言葉として知っている。それは、「自己実現」だ。

自分のうちに眠っているあらゆる可能性を顕在化させて現実のものにし、新しい自己をつくっていくのが自己実現だからだ。

この自己実現は特別なことではない。誰もが幼児の頃から、そしてふだんから意識せずに行なっていることだ。しかし、自覚して行なうならば、自己実現はいっそう促進されるだろう。

そのために本書が意義ある助けとなることを願うばかりである。

さて、ニーチェの思想はそれ以前の人々の思想から触発されて生まれたものだ。つまり、その源流はソクラテス以前の哲学者たち、十字架刑で死んだイエス、ゲーテ、ショーペンハウアーである。

そしてニーチェのあとには、ハイデッガー、バタイユ、ヘッセ、マズロー、フーコー、タレブらがニーチェの思想から強い影響を受けている。

本書はニーチェの自己超克の思想を中心にしてはいるものの、今ここに挙げた人々の考えも部分的に含むものだ。なぜなら、彼らもまた別の言い回しを使って自己実現について述べていたからだ。

contents

はじめに　ニーチェは自己実現の智恵を語った　2

1章　自分を十分に生かす

01　創造することが人生の喜びだ　14
02　天職など探しても見つからない　18
03　思い切ってやってみろ　22
04　感性を解き放て　26
05　自分を開いて語り合え　30
06　本当の読書をしよう　34
07　人生にノウハウなどない　38
08　知性は知識よりも役に立つ　42

09 実際の行動が自分を変える 48
10 自分の内側からのモチベーションを持て 52
11 危険や困難に挑戦しよう 56
12 感動はエネルギーの源だ 60
13 幸福とは能力を発揮することだ 64
14 ジェネラリストを目指してみないか 70
15 読書は世界を広くする 74
16 飽きるのは自分の成長が止まっているからだ 78
17 人生という旅を存分に味わえ 84
18 誰もが豊かな才能を持っている 88

2章 世間の価値観から自由になる

19 世間に従うかどうか、決めるのは自分だ 94

20 世間の価値観にからめとられるな 98
21 自分自身の価値基準を持て 102
22 自分を世間の視線で見てはいけない 106
23 自分の自由を誰にも殺させない 110
24 まず自分自身を知れ 114
25 自分が何をしたいかはっきりさせよう 118
26 自分なりの倫理が自分らしさをつくる 122
27 自分の人生を丸ごと引き受ける 126
28 人生はいつもランダムだ 130
29 わたしたちを解放してくれる人が真の教師だ 134
30 感性を抑えると能力が低下する 138
31 死に方で人生を判断してはいけない 142

3章 人生に正しい答などない

32 人生に正しい答を求めるな 148
33 安全など存在しない 152
34 問題は「解決」ではなく「解消」せよ 156
35 人間は不可解なものだ 160
36 頭ではなく体にこそ智恵がある 164
37 自意識がなくなるまで集中してみる 168
38 一度成功した方法がまたうまくいくとは限らない 172
39 原因があって結果があるという考え方をやめる 176
40 友人は自分を成長させてくれる 180
41 善悪の差別をせずに受け入れる 184
42 頭で考えることには限界がある 188
43 変わることを恐れるな 192

1章

自分を十分に生かす

01

創造することが人生の喜びだ

言葉もまだ数語しかしゃべれない幼児がいくつかの積み木で遊んでいる。積み木を重ねようとしているのだが、なかなかうまくいかない。バランスが悪くてどうしても積み木が崩れてしまう。

見るに見かねた大人が横から手を伸ばそうとする。すると、幼児はとてもいやがるものだ。幼児はとにかく自分の力だけでなんとか積み木を重ねてみたいのだ。

ここに大人と幼児の差がある。大人は結果の形を求める。幼児は自分の力で事を成すことを求めている。すぐれているのは幼児のほうだ。なぜなら、この幼児のしていることはまさに自己実現だからだ。

たいがいの大人の生き方は創造からほど遠い。彼らの人生はえんえんと続く買い物だ。

すでにあるものから選ぶ、迷ったときは多くの人が買ったものを選ぶ。飽きれば、買い替える。

買い物をしなければならないから、買うための金銭が欲しい。だから、報酬や給料の金額を気にかける。仕事を求めるのではなく、仕事によって得られる金銭を求める。

彼らにとって、仕事や自分がすることは手段でしかない。本当は、その手段をはぶいて直接に金銭や物を手に入れたいのだ。

幼児が大人のようであったならば、すでに積み上がった形になっている積み木を欲しがるだろう。しかし、そんな幼児は一人もいない。どんな幼児であっても、自分の手で何かを創造することの嬉しさと手応えを知っているからだ。

自分が何かをすること、自分で何かができること、創造すること、それが幼児にとって自分の生そのものなのだ。真の欲求は能力の一つを獲得することであり、それはどんな試行錯誤をしてでも手に入れなければならないと感じられるものだ。

これは自分自身の潜在的な能力をはっきりと外側に出していくということであり、すなわち自己実現そのものだ。いっぽう、多くの大人は自己実現をいつのまにか忘れてしまっている。

しかし、自己実現を完全に忘れ去ったというわけではない。いくらかは残っていることが多い。だから、時間があるときにプラモデルや料理を作ったり、俳句を作ったり、外国語を習得しようとしたりする。そこに創造の純粋な喜びがあるからだ。

本来ならば、自分の仕事の中心にその喜びがあればいいのだ。そうすると、仕事が日々の喜びになる。もし仕事で失敗してもなお、手がけたという手応えの喜びは失せない。なぜならば、どんな事柄であっても、人間の自然本来の欲求に沿う生き方だからだ。

人生の喜びとは、快楽を味わう悦びではないし、金持ちになる優越感でもない。人生の喜びとは、自分を十分に生かすことのダイナミックな喜びだ。そのことを体感として知っている人は、いついかなるときでもいきいきとした人生を送るようになる。

幼児はいつも、みずから手を下す。
すべてを動かすのは自分だけだ。
そこには失敗も成功もない。

『ツァラトゥストラはかく語りき』

02

天職など探しても見つからない

天職を探す人は愚かだ。その人は、自分で眼鏡をかけていながら眼鏡を探しまわってうろうろする人に似ている。

天職を見つけろと他人に言う人はもっと愚かだ。その人は、各人の天職であるはずの職業がすでに存在していて、そこから選べばいいと単純に考えているからだ。

この天職という言葉は、ドイツ語のBeruf（ベルーフ）、あるいは英語のcalling（コーリング）の翻訳語だ。キリスト教の神から呼ばれて召された人の職業が天職だという。つまり、その職業は神からの思し召しの命令だというわけだ。

もっとも今では自分の性格や能力にもっとも適した職業、あるいは他人をはるかに凌（しの）ぐレベルで自分が行なえる仕事のことを指す比喩的な言葉として使われている。

しかし、こういう言葉があることは、今の仕事が自分の天職だと自覚している人がごく少ないことを示唆している。みんながそれぞれの天職に就いているのがふつうのことならば、こういう言葉などすでに無意味になって消えているからだ。

もし、自分の仕事が生活費を得るためだけのまさしく苦役(くえき)を意味するフランス語のトラヴァーユだと思うならば、自分の天職とはいったい何だろうかと、あるいはせめてもの適職は何だろうかと思い悩むことになる。

ところで、この思い悩み方、自分の天職はどういう職業だろうと考えることは方向がまちがっている。つまり、職業は既存のものから選ぶという姿勢だからだ。どこかの企業の従業員になって給料をもらうことしか考えていないのならそれでもいいが、天職に就こうというなら話はまったく別だ。

天職というならば、自分の性格、能力、感性、テンポなどを充分に活かすことなのだから、その条件をすべて満たしてくれる企業をあてどなく探すよりも、自分が今していることを仕事にするほうが手っ取り早い。

確かに、それは簡単なことではないだろう。しかし、そうやって生きている人も少なからずいるのだ。たとえば、歌い手や物書きや芸術家たちだ。彼らは誰かの真似をしているわけではなく、ただひたすら自分がすることを作品として売っているのだ。その意味で、事実上、命を賭けている。

　命を賭けずに、ほどほどに力を使って人並み以上の金銭を得たいというのなら、そういう職業は公務員をはじめとして巷（ちまた）にごまんとある。ただし、それを続けて天職と呼ばれるレベルまで高まるかどうかはわからない。

　けれども、天職かどうかは自分の満足度で決めることであって、他人から評価されるものでもない。しかし総じて言えば、天職とはそれを通じて自分がいっそう自由で溌剌（はつらつ）と生きていけるもの、自分の命とほぼ同じものだろう。

仕事にたずさわることは、
わたしたちを悪から遠ざける。
くだらない妄想を抱くことを
忘れさせる。

『人間的、あまりに人間的』

03

思い切ってやってみろ

誰にでも潜在能力がある、という。

すると、「自分の中にいったいどんな能力が潜在しているのだろう」と考える人がいる。「潜在」という表現によって、潜在能力は本当に隠されていて見えない、あるいはふだん気づかれていないものだと思われがちなのだ。

しかし、そう思っているのは本人だけであることがしばしばだ。他人の眼にはふだんからはっきりと、その能力が見えていることがある。

たとえば、ある物事に対する扱いなどちょっとした器用さにしても強い能力の現れなのだが、本人としては自然にできることなので格別に意識されることがないわけだ。他人からすれば、そのことに関して彼はもともと得意なのだろうと映っている。だから、驚嘆の声をあげたりしない。

こんなふうに、潜在能力は自分の奥深くに埋もれて誰にも知られずに眠っているというものではない。自分自身でことさらに意識しない、あるいはこれまでまったく意識してこなかったという意味で「潜在」しているのである。

もちろん誰にでも得手不得手（えてふえて）や苦手なものがあるだろう。

しかし、それらについても本当にセンスや能力がないのかどうかはわからない。いったん何かを手がけてみて仕上がりがよくなくてもなお、それに向いていないとか能力が不足しているとは断定できないからだ。

というのも、得手不得手や苦手さというのは周りの人が自分の経験の上でのスケールに照らし合わせて勝手にレッテル貼りをしたものの場合がほとんどだからだ。

無神経なレッテル貼りをやるのは、だいたいが親、兄弟、友人、親戚、教師といった周囲の人々だ。無防備な幼いうちにそれを受けると、素直な子供は言われたふうに思いこみやすいものだ。その思いこみを途中で破れる人もいるし、ずっと抱いたままの人もいる。

そもそもレッテルを貼る人たち自身はあまり高い能力を持っていないものだ。というのも、高い能力を持っている人は人に対する気づかいについても高いことが多いからだ。

だから、あらたに自分が手がけてみて、自分がどう感じるかがもっともたいせつだということになる。最初は難しかったけれど途中からちょっとおもしろいかなと少しでも感じたならば、自分にはその能力があるのだ。そもそも、人間はたいがいのことについて能力を持っているのである。

ただ、もっともよくないのは、手がける前に臆病になって手がけるのをやめてしまうことだ。**やってみなければ絶対にわからないし、苦手と思いながらもずっと続けて、ある瞬間に新しい次元に達することも少なくない。**

そのときが、今までちっとも見えていなかった自分の能力、つまり潜在能力の最初の発見なのである。

問題は、わたしたちが
実際に物事を行うということだ。
何も気にすることはない。
ただ、まっしぐらに溌剌と
思いきりよく行うだけだ。

『悦ばしき知識』

04

感性を解き放て

晴れた日にニーチェが赤い傘をさしてうきうきとしていたという逸話を読んで、彼の狂気がすでに少しずつ始まっていたと考える人は、喜びに満ちて踊り出したくなる衝動をかつて一度も覚えたことがないとでもいうのだろうか。

大人はつねに節度ある立派な社会人であるべきなのだろうか。喜怒哀楽をそのまま表現するのははしたないことなのだろうか。

もちろん場所、事情、風習などをわきまえるべきではあろうが、素直な自分そのままでいる時間が誰にも必要なのではないだろうか。

なぜならば、社会人としての演技を四六時中し続けるならば、わたしたちはいつしか本来の自分を見失ってしまうからだ。

もちろん、本来の自分といっても、完成された自己がすでにあるという意味ではない。どんな人だって、人間としてはいつも形成の途上だ。

だから、ここでいう本来の自分とは、自分なりの理解や自分の感性のままでいる自己のことだ。偽りや見栄や社会人としての演技、あれこれ損得や情実を考えること、そんなもろもろをすっかりとっぱらった裸の自分自身のことだ。

無邪気な幼児はそのまま本来の自分でいる。幼児は感動し、喜び、驚き、目下(もっか)の興味ある事柄にすぐにその場で集中する。

そうすることによって、幼児は自分の能力を自然に開発させ、拡大していくのだ。

大人にしても、本当はそうなのだ。

素直に驚き、感動し、喜びを感じるときにこそ、わたしたちは純粋な意欲を内側から覚えて何事かを始める力が生まれ、創造的になることができるのだ。

いわゆる広い意味での芸術家やアーティストが子供っぽい側面を持っているのは、社会人として本来の自分を抑制することがふつうの人よりも格段に少ないからだ。

その抑制が強すぎると、多くの企業人のようにまともな大人として見られる。その一方で、制度や風習が生んだ固定観念や社会的な論理に縛られ続け、おかげでシステムや社会の決まりごとに習熟しているためにルーティンワークをそつなくこなせるものの、自由で天真爛漫（てんしんらんまん）な発想ができなくなるのだ。

ニーチェは、「もっと喜びなさい」とも語った。これは、感情をそのつど爆発させよという意味ではない。「感性を解放せよ」ということだ。

本来的に持っている感性を解放するほどに、本来の自分が出てくるからだ。そのときこそ、自分の能力が水を得るのだ。その快感を知っている人が躍動して見えるのも当然である。

もっと喜ぼう。
恥ずかしがらず、我慢せず、喜ぼう。
喜ぼう。この人生、喜び、嬉しがって生きよう。

『ツァラトゥストラはかく語りき』

05

自分を開いて語り合え

創造という言葉はどこか大それた印象を与えるだろう。しかし実際には、わたしたちのすぐ身近にいくらでも生まれてくるものなのだ。

なぜならば、自己本来の感性を解放しきったとき、みずから気持ちのおもむくまま手がけるものはすべて魅惑と喜びに満ちた創造行為になるからだ。

これはなにも一個の芸術作品を仕上げるようなことばかりではない。たとえば、今夜の料理に使うソースをありあわせの材料で工夫する場合でさえも創造行為になる。

幼児にとってはどうにかして一個の積み木を重ねることが大きな創造になるし、二個か三個のその傷だらけの積み木が世界中のどんな建物よりも堅牢で豪奢な城に見えることも創造者（幼児自身）の眼に映る世界の偉大さなのだ。

縁が薄かった他人と人間的なつながりができるのも立派な創造だ。パーティや紹介などの際に名刺を交換したのちに商売などの思惑含みで食事や酒の席で談笑することもまた創造だというわけではない。

どちらかの利害が想定されていない状況で、どちらかが遠慮がちに言葉をかけ、やがて互いに腹を割って話しだして深く通じるものが感じられる状況になったようなとき、人間関係の創造が生まれるのだ。

このケースに顕著に現れているように、自分が開いていなければ生まれようのないものが創造なのだ。その意味で、恋愛も含めて創造的ではない人間関係もあるわけだ。

したがって、嘘は創造的関係をいともたやすく破壊する。その初めは、自分は開いていないのにあたかも開いているかのように見せる嘘だ。ここからはいつまでも真の関係が生まれないので創造的ではないのだ。

途中からでも、互いにみずからを開き始めるならば、関係は一転して創造的なものになっていく。

そういう例は、これまでの文学作品や映画の中にいくらでも発見できるだろう。

そもそも、すぐれた文学作品ならば、必ずこの人間関係の創造、あるいは自己が創造される過程を扱うからだ。登場人物たちが最初に登場したときと結末を比べると、反撥や宥和やゆるしなどといった形で互いの関係や状態が大きく変化している。

いつも最初のままでいる登場人物しかいない作品があるとしたら、それはわたしたちにとってとても不快であり、かつ物語は退屈で堪えがたいものになるだろう。

つまり、わたしたちは無意識ながらも、ほとんどすべての事柄に創造性を求めているということだ。これは人間として自然なことであり、人間を人間らしくしているものの核そのものなのだ。

友人とたくさん話そう。
腹を割って友人と話すことで、
自分が何をどう考えているかが
はっきりと見えてくる。

『ツァラトゥストラはかく語りき』

06

本当の読書をしよう

一般的に、本を読むことは受け身の行為であり創造的なものではないとされている。なぜそう思われているかというと、創造とは何か具体的なもの、あるいは何か偉大なものをつくることだと考える傾向があるからだ。

すでにいくつかの項で説明してきたように、創造とは積極的な関わりのことだ。本を読むことは受け身のように見える。しかし、自分から意志的に読むということがなければ始まらないのだから、これもまた積極的な関わりなのだ。

だから、本を読むことがそのまま創造的な行動になりうるということだ。

読書とは、文字を追うことだけを意味していないのは誰でもわかる。しかしまた読書は、そこに書かれている内容を理解し、そこから知識や考え方を吸収するといったことのみを意味しているわけでもない。

本を読むということは、まず相手に対して自分を開くということだ。これがなければ、どんなにやさしく書かれた本も、読んで理解することはできない。

相手というのはその本の著者のことだ。読む限り、その著者は現に生きて話している。しかも、自分のいっさいをさらけだして話している。いわば胸襟を開いているのだ。そういう著者に対して、自分もまた胸襟を開いたときに相手が語っている意味が初めてわかってくる。

これが、読書において自己の能力が創造されるということなのだ。

言い換えれば、本を読む前の古い自分から新しい能力を身につけた自分が創造されるのだ。さらにまた、読む前と読んだあとでは自分が確実に変わっていることを自覚するはずだ。それもまた、新しい自己の創造なのだ。

一方、本の中にある技術やノウハウを知るために要点をピックアップするように読むという功利的な読書をするならば、確かにそれなりのものが得られはするだろう。書物の頁はそのようにして開くものだと指南するビジネス書も多々ある。

ところが、その姿勢は、目指すアイテムやゲームコインを収集するゲーマーのようなものだ。相手、すなわちこの場合は本を意味しているが、相手を道具とみなしているからだ。

相手を道具とみなしているならば、自分自身はいっこうに創造されないままになる。

人間関係についても同じことがいえる。たとえば他人を自分の道具として利用するならば、性交は体験できても恋愛そのものを体験することがなくなる。友情も、同情も、信頼も体験できない。そして、いつまでたっても、自分は旧来の自分のままでいるしかなくなるのだ。

そこに存在するのは、成長のない自分だ。成長しない木ならば、うるわしい実をつけることもない。やがて一陣の風になぎ倒されるか、害虫に蝕（むしば）まれて朽ちるだけだろう。

わたしたちが読むべき本とは、次のようなものだ。
読む前と読んだあとでは
世界がまったくちがって見えるような本。

『悦ばしき知識』

07

人生にノウハウなどない

　小学生にこれこれのことを知っているかと訊くと、「まだ習ってません」と答えることがある。彼らは、物事は学校の先生に教えてもらって知るものだと思いこんでいるのだろう。その態度がずっと続いて大人になってしまうと、何をするにしてもノウハウに頼りたがる。就職や転職のノウハウ、セックス、恋愛、結婚のノウハウ、仕事や子育てのノウハウ、出世や自営のノウハウ……。自分がまったく好きなふうにしていい事柄にまでノウハウがあったほうが安心できる。

　要するに、彼らがしていることは素朴な猿真似なのだが、彼ら自身としては世の基準に沿っていると考える。ノウハウの有効性を頭から信頼している。

　その理由は、他の人もそのノウハウを利用しているから信頼に足るというわけだ。これは、世間で広く通用していることはまっとうなことだとする信仰の一つだ。

そういう考え方を持ってしまうと、自分なりに工夫してどうにかやってみるということがなくなりやすい。

すでに方法や手順があるのだからそれを利用しない手はないというわけだ。わざわざ自分なりの方法でなんとかするというのは、非効率でよけいなことにすら思えるらしい。

しかし、それでは結局のところ自分の人生の一部がすっかり消えてしまうだろう。というのも、どんな人の人生もその人の手づくりでのみ成り立っているからだ。

効率性を重視するあまり、勘違いをすべきではない。人生はさまざまな物事をノウハウで処理する場ではないからだ。

この人生とは、自分の手で自分をつくる場だ。今日みずからしたことのみが、明日の自分をつくるからだ。自分の方法など持っていない場合でも、とにかく手がけて最後までやりとげれば、それが明日を拓くのだ。

それを面倒がって既存のノウハウだけに頼っているのならば、見えない他人から遠隔操作されているのと同じことになってしまう。もちろん、占いに頼るのも宗教や政治に頼るのも、それらに操作されるということだ。

どんな物事についても、うまく処理する必要などさらさらない。他人と比べて下手であっても、自分自身で最後まで手がけることが重要なのだ。なぜならば、それこそが自分の人生をつくるたった一つの手段だからだ。

もちろん、何事にもうまく対処して、周囲の人や上司から高く評価されたいと思う人もいるだろう。対処の結果が自分の賃金に響く人もいるだろう。だからこそ、ノウハウに頼りたくもなるだろう。

それでもなお、少しずつでも、既存のノウハウに自分なりの仕方や感性を混ぜて自分のオリジナル性を濃くしていくべきではないのか。そうしてこそ、何事を行なうにも初めて手応えというものが生まれるからだ。

その手応えこそ生きていることの実感であり、独自性の喜びはここにひそんでいる。

わたしたちの一つひとつの行ないが、
わたしたち自身を新しく築き、
いかようにも変えていく。
明日の自分はこれからの自分の
行い一つひとつによって築かれるのだ。

『生成の無垢』

08

知性は知識よりも役に立つ

二通りの人間がいる。

その一人は、他人が知性を使って得た経験の成果をできるかぎり多く知っている人だ。

もう一人は、みずからの経験を通じ、その結果としてなんらかの知識と技能を身につけてきた人だ。

前者はどこで他人の経験の成果を知ったかというと、学校の教育でだ。定理や公式、歴史事項を暗記して頭に詰めこんでいる。そのストックが多いほど優秀とされ、多くの企業が使いやすい従業員として迎え入れる。

後者は学校で教わった知識もそれなりに蓄えてはいるが、自分で経験したことによって得た知識や技術を主に活かしている人だ。自分の経験の比重が大きいから、その技術はスキルと呼ばれる水準になっているのだが、そのスキルはペーパーテストなどではとうてい見抜けない。

ところで、大昔の人で前者のような人はいなかった。知識を伝達する学校がなかったからだ。いきおい、どんなことも自分で経験し習得するしかなかったのだ。

このことについて、エーリッヒ・フロムは著書『よりよく生きるということ』の中でこう書いている。

「観察し、そこから学習するということを、原始人はいやおうなく強いられている。天気や動物の行動や他の人間の行動を観察しなければならない。原始人の生活・生命は、特定の技能を獲得するかどうかにかかっている。そして、その獲得は、自分自身の行動と行為によってなされるのであり、〝二十のクイック・レッスン〟を受ければそれですむというものではない。…中略…

われわれの教育は、思考の向上や能動的想像力の発達に役立っていないのだ。

今日の平均的な人間は、自分ひとりで考えるということをほとんどまったくしない。

学校やマスメディアによって提示されたデータを憶(おぼ)えるだけである。自分自身の観察や思考によって知るべきことを、実際には何も知らない。モノを使うのに、思考や技能がさほど必要とされないのである」（堀江宗正訳）

したがって現代人は所有した知識によって器用に操作することは得意なのだが、集中した観察と経験を通じて得たスキルがないために、人間として生きていく力は原始人よりもはなはだしく弱いということになる。

もちろん、この場合のスキルとは、ビジネス書で述べられているレベルの安易なものではなく、経験の豊富な個人だけが身につけられる応用範囲の広い特殊技能のことだ。

より多くの給与をもらう仕事に就くならば、学歴の高い人のほうが有利だろう。企業から見ればそういう人のほうが扱いやすいし、その人の知識のストック量を計測しやすいからだ。公務員試験はまさにこの知識量を計測するためのものだ。

ただし、そういう人は人工的な狭いシステムの中でしか通用しないし、生きていくことができない。マニュアル的な操作や処理しか得意ではないからだ。しかし本人たちはそれを自覚していないから、配属された部署の机上で都市計画をするばかりか実現させ、醜悪で住みにくい街を出現させるのだ。

知性は役立つ。生きていくのに必要な筋力のようなものだ。あらゆる場面でいかようにも使える。

しかし、知識だけではどうしようもない。筋力のような知性の働きがなければ、知識を自由に使うことができないからだ。したがって、知識を持つことと、知性を備えているのはまったく異なることである。ところが、この二つがしばしば混同されている。

知性というのは、執拗な観察や試行錯誤によって、ある事象から何事かを引き出して生活に役立てることだからだ。知識はその結果の形骸や影にすぎない。煎茶の出がらしのようなものだ。

出がらしのような知識とは、教科書上のピタゴラスの定理をそのまま暗記して頭にずっと詰めこんでおくことだ。

一方、知性とは、いくつもの直角三角形の定規をいじって遊んでいるうちに、そこから定理を自分なりに見出しておもしろがるということだ。

もちろん、そういうことをしていると時間がかかって他のことに手がおよばなくなるだろうし、他の科目の点数が低くなるだろう。**それでもなお、それは特別な経験であり、その経験は他の事柄にも通用する潜在力を持っているのだ。**

つまり、**知性があるということは、自分の能力を使ってこの世界を生き抜く力を持っているということを意味しているのだ。**この知性を意図的に育てることはできない。知性は、多くの偶然と個性から複雑に構成された個人的な経験だからだ。

郵便はがき

料金受取人払郵便

麹町局承認

5048

差出有効期間
平成32年2月24日まで
（切手不要）

102-8790

209

東京都千代田区平河町2－16－1
平河町森タワー11F

Discover
ディスカヴァー 行

お買い求めいただいた書籍に関連するディスカヴァーの本

超訳　ニーチェの言葉
白取春彦編訳　1700円（税別）
累計170万部突破！　19世紀ドイツの哲学者ニーチェの名言を現代人にわかりやすく超訳。力強くわたしたちを励ましてくれる言葉が満載。

頭がよくなる思考術
白取春彦　1200円（税別）
15万部突破のロングセラー。平易に哲学を語る第一人者が、頭をクリアにして思考する技術、そして思考することで頭を鍛えていく技術を紹介する。

人生がうまくいく哲学的思考術
白取春彦　1400円（税別）
著者が古今東西の哲学・宗教に学んだ生き方のヒントを大公開！「この一回限りの人生を本当に生ききりたいのなら、自分主義でいかなければならない」

独学術
白取春彦　1000円（税別）
自らの経験をもとに、真の教養を身につけるには独学しかないと語る。既成概念にとらわれない明快な指針が読者に意欲と勇気を与える。

ディスカヴァー会員募集中

特典
- 会員限定セールのご案内
- イベント優先申込み
- サイト限定アイテムの購入
- お得で役立つ情報満載の会員限定メルマガ「Discover Pick Up」

詳しくはウェブサイトから！
http://www.d21.co.jp
ツイッター　@discover21
Facebook公式ページ
https://www.facebook.com/Discover21jp

イベント情報を知りたい方は裏面にメールアドレスをお書きください。

2230　生き方はニーチェに聴け!　　愛読者カード

◆ 本書をお求めいただきありがとうございます。ご返信いただいた方の中から、抽選で毎月５名様に**オリジナル賞品をプレゼント！**

◆ **メールアドレスをご記入いただいた方には、**新刊情報やイベント情報のメールマガジンをお届けいたします。

フリガナ お名前	男 女	西暦　　年　月　日生　歳
E-mail　　@		
ご住所　（〒　－　） 都道府県　市区郡 電話　（　）		
ご職業　1 会社員　2 公務員　3 自営業　4 経営者 5 専業主婦・主夫 6 学生（小・中・高・大・その他）7 パート・アルバイト　8 その他（　）		
本書をどこで購入されましたか？　書店名：		
本書についてのご意見・ご感想をおきかせください ご意見ご感想は小社のWebサイトからも送信いただけます。http://www.d21.co.jp/contact/personal ご感想を匿名で広告等に掲載させていただくことがございます。ご了承ください。 なお、いただいた情報が上記の小社の目的以外に使用されることはありません。		

このハガキで小社の書籍をご注文いただけます。

・**個人の方：**ご注文頂いた書籍は、ブックサービスより２週間前後でお届けいたします。
代金は**「税込価格＋手数料(305円)」**をお届けの際にお支払いください。
（手数料は予告なく改定されることがあります）

・**法人の方：**30冊以上で特別割引をご用意しております。お電話でお問い合わせください。

◇**ご注文**はこちらにお願いします◇

ご注文の書籍名	本体価格	冊数

電話：03-3237-8321　FAX：03-3237-8323　URL：http://www.d21.co.jp

勉強して本を読むだけで賢くなれはしない。
さまざまな体験をすることによって人は賢くなる。
そして、体験しているときは
その事柄に没頭することが肝心だ。

『漂泊者とその影』

09

実際の行動が自分を変える

自己実現は何も大それたことではない。目標を立てて、そこへ向かって懸命に努めることでもない。ただ、これまでの自分の安易な馴(な)れや癖の壁を越え、新しい自分になっていくだけのことだ。

本書のまえがきでも述べたように、怒りをこらえるのも自己実現であり、和解や赦(ゆる)しをするのはさらに高い意義を持つ自己実現だ。

そのような自分の気質や性向の面における内的な自己実現は、他人がなかなか気づかないものだ。しかしながら、自分にとっては高い意義を持つし、「救い」をもたらすものでもある。

救いは、多くの人が宗教に関係する言葉だと思っている。しかし、宗教に属している人に訊いてみればいい、「救いとは何ですか」と。すると、返ってくるのはとても曖昧で抽象的な言葉だろう。なぜなら、彼らは救いを神秘に属するものであり、神的なものから与えられるものだと思いこんでいるからだ。

どういう救いであろうとも、それが本当に救いであるのならば、救いによってまず自分自身が、そして自分を取り巻く状況がよい方向に一変するものでなければ、救いと呼ばれる意義がないだろう。

ならば、自己実現は今すぐできる自分のための具体的な救いとして有効だ。なにしろ、自己実現は自分を確かに変えていくものだからだ。

自分が変われば、その影響から状況もまた変貌する。というのも、これまでの苦しい状況をつくっている要因の一つが自分のあり方だったからだ。

この内的な自己実現のチャンスは誰もの身の周りにあふれている。物言いを変えるのも、行動を変えるのも自己実現になりうるからだ。もちろん、本を読んだり（その意味と効果は、本書34頁以降参照）勉強したりするのも自己実現になる。

家事もまた自己実現を与えてくれる。掃除、洗濯、炊事といった家事全般は決して雑用ではないし、つまらない下働きでもない。集中して一心に行なうならば、自分を大きく変えてくれる機会となる。だから、禅僧たちは作務（さむ）に明け暮れるし、道元は著書の『正法眼蔵（しょうぼうげんぞう）』で作務や家事などがいかにたいせつなのかを説いたのだ。

キリスト教神学が聖職者を通じて教える救いはあまりにも幻想的で、一般的には理解できがたいものだ。

それよりも、『新約聖書』でイエスが「あなたは救われた」と告げる場面をよく読んでみれば、本来の救いの意味がはっきりとわかる。その人がこれまでのその人の考え方や行ないを一変させたときにのみ、イエスは「救われた」と宣言しているからだ。

救われないのは、いつまでもこれまでの自分にしがみつく人、幼児の素直さを持っていない人、どこまでも疑いの深い人だ。そもそも彼らは、おのれの態度や行ないを根底から変えようとする気など持ちあわせていないからだ。

つまり、イエスの救いにあっても、自己実現による救いにあっても共通しているのは、誰かにどうにかしてもらうことではなく、みずからそれをするという実際の行動なのだ。

どんな歳になろうとも、
人間は限りなく変わることができる。
まるで粘土のようにいくらでも
望みの自分をつくっていくことができる。

『生成の無垢』

10

自分の内側からのモチベーションを持て

さまざまな支払いのためのお金を得るために働く、家族を養うために働く、出世するために働く、といったふうに何かのために働くという言い方は一種の謙遜(けんそん)を含んだ韜晦(とうかい)ではないのだろうか。

なぜならば、本当に何かのために働いているというのならば、それは自分を道具化していることだからだ。

人間は道具ではないのに道具として使われているならば、とてもみじめなことだ。道具は目的を達成するために使われるものであり、目的が達成されたならば、もはや道具は必要がなくなるからだ。つまり、使い捨てだ。

誰かに何かを頼むことと、誰かを道具とみなすことは、見かけはそっくりだが、根本的に異なっている。自分が給与を運んでくる道具、子供を産む道具、利益を産むための道具などとみなされたり、自身でそのようにしみじみ感じたりすることは最小の自尊心を踏みにじられることにひとしい。それは侮辱だ。

そういうことが頭ではわかっている人でも、鼻先にぶらさげられたニンジンにつられて動くことがある。つまり、モチベーションだ。

多くの報酬が期待されるから動くというのであれば、その報酬を得るために自分を手段化、道具化するということになる。

目標、目的、夢を持つ場合も同じで、それらは馬の鼻先で揺れている輝くニンジンだ。それら目標に達することに役立たなく見えるものはどうでもよくなる。だから、しばしば経営者や上司は非情であり、社員を道具としか見なくなる。

しかし、どうしても自分や他人を道具化しなければ目的を達成できないというわけではない。報酬的なものをモチベーションとしなければいいのだ。言い換えれば、モチベーションを外にではなく、自分の内側に持てばいいのだ。

自分の内側にあるモチベーションとは何も特別なことではない。自分がそれを手がけたいという強い気持ちだ。この気持ちはほぼ愛に近いもので、自己の内側から自然と湧いてくる。世間体（せけんてい）や損得計算などいっさい含まれていない。

またその気持ちには、これを自分が手がけなければ自分の存在理由を失ってしまうのではないかという切実さが含まれている。自分が手がけることでのみ自分の存在が確かめられるような気持ちだ。

内発的な衝動とでもいうべきこの気持ちは、外にある報酬につられるモチベーションよりもはるかに強いものだ。

この真のモチベーションを持ったとき、手がける仕事や努力は、それがいかに労苦の多いものであろうとも、自分だけが感受できる人生の喜びそのものになっていく。

その結果として、決して報酬のようなものが中心とならない、自分自身が生かされる手応えのあるリアルな人生を手中にできるのだ。

ささいなことでいい。
何か一つのきっかけでも摑んで
自分自身を幸せにせよ。
できる限り、機嫌よくあれ。
そうして、自分が本当にしたいことをなすがいい。

『生成の無垢』

11

危険や困難に挑戦しよう

一般に好まれる冒険物語には、次のようなパターンが見られる。

未知の地に旅に出た主人公がさまざまな敵を屈服させ、困難を克服したりして、求めていたものをようやく獲得する。そして帰還し、出発した地の人々を以前よりも豊かにする。

冒険物語は、わたしたちの人生の暗喩となっている。立ちはだかる障碍がどれほど険しくとも主人公が勝利して帰還するというハッピーエンドは、これから人生に向かう少年少女たちに勇気と気概を与えるだろう。


こういった冒険物語は人生の暗喩になっているのだけれども、実際の人生を冒険するわたしたちの多くはどうだろう。

物語の主人公のように敵と戦ったり敵を屈服させたり、危険や困難を克服することをせず、むしろ面倒なこととして避ける傾向にある。英雄のように勇敢ではなく、臆病なのだ。もちろん、実際の人生では物語に出てくる悪魔や怪物のようなものは現れない。深い谷間に張り渡された危険な吊り橋もない。

いや、そのようなものは実はたくさん現れている。たとえば、親や上司が自分にとって怪物のようでしかない人もいる。また、どうしても手がけたくない苦手なものが自分の仕事や生活の中にあり、それが近寄りたくない危険な場所に化している人もいるからだ。

冒険物語の主人公は苦悩しつつも、障碍を克服する。しょせん架空の物語だから克服できるのではない。**わたしたちも自分の人生冒険物語の主人公なのだから、困難や障碍を克服しなければ前へと進むことができないのだ。**

スポーツ選手が怪我や不遇を克服して再び試合に向かうことにファンたちが喝采(かっさい)を浴びせるのは、それは同時に自分の生き方への鼓舞(こぶ)なのだ。つまり、わたしたち自身、現実の困難、苦手、障碍を克服しなければならないと内心では感じているからだ。

困難や苦手なことに向かえば、ひどい苦しみを味わうことになるだろうか。ところが、つらく感じるのは最初の踏み出しの一瞬だけだ。そこを越えさえすれば、あとはなんとか耐えられる。物事への初めての関わりはみな、そういうものだ。

そのようにしてアタックすれば、見返りが与えられる。自分は克服したという満足感などではなく、途中から具体的な報酬が与えられるのだ。それは、自分の中に今まで隠されていた力の発見だ。

というのも、**いやいやながらでも苦手や困難に関わっていれば、そこに新しい教えがあるのを見出すことができるからだ。**これまで関わっていなかったために知らなかった視点や知識がそこに埋めこまれているのを知るからだ。

その典型は、難しい本を読むことによる発見だ。イメージは裏切られ、本当はそれほど難しくないということもわかるし、その著者なりの考えや見方を知ることができるからだ。

これは人間に対しても同じで、苦手だと敬遠していた人物と接しているうちに、その人なりの考えや見方や独特な世界観を知ることができるのだ。

これは、自分がもう一つの眼や、まったく未知だった力を獲得するのと同じことだ。つまり、自分の能力がとてつもなく広がるのだ。こうして得られた報酬は、自分のこれからの生き方に大きな力と幅を与えてくれる豊かな財宝なのだ。

自分自身を生きるためには、
艱難（かんなん）、苦悩、窮乏、失意、努力、克服が
どうしても必要なんだ。
つらいのがいやだというのはよくわかる。
けれど、きみが欲しがっている本物は
それら苦難の果てに輝いているものなのだから。

『人間的、あまりに人間的』

12

感動はエネルギーの源だ

若者の可能性はとてつもなく大きい。中高年の可能性はそれほど大きくはない。これは現在の状態を一般的にかんがみた場合だ。

年齢的に死に近づいているから中高年の未来への可能性が低いというのではない。

中高年は感動することが少なくなっているから、それにつれて可能性が低くなっているということだ。なぜならば、感受性の広さが未来の可能性を押し広げるからだ。

若者は感受性が広く豊かであるからこそ、一瞬にして意気消沈したり、爆発するかのように喜んだりする。別の意味では落ち着きがなく、動じやすい。充分に考えることが少なく、判断も性急すぎる。

中高年になれば、さまざまな世間の事柄に慣れてきて、なかなか感動しないようになる。

それは表情や体の動きにはっきりと表れる。落ち着きがあるように見えるが、その何割かは感受性の一部がにぶくなっていることをも意味しているだろう。

どちらにも長所短所があるが、いくつになったとしても感動する心は減らすべきではないだろう。なぜならば、**物事に触れて心を震わせたり、恍惚としたりすることは体に新しい生気を与えるからだ。それがわたしたちの能力に与える最良のエネルギーになる。**

いわゆる世界の偉人や著述家の（解説やダイジェストではない）日記や書簡を読んでみたほうがいい。いかに彼らが日々をいきいきと若い心で過ごしていたかがわかるからだ。落胆、悲嘆、絶望、諦念（ていねん）、倦怠（けんたい）、病気、徒労、忙殺（ぼうさつ）、失恋、借金、それらの隙間に彼らは感動の瞬間をいくつも経験していたのである。その心の繊細さは驚くべきものだ。

歴史上の有名人たちだからといって、その日常はわたしたちとさほど変わらない。仕事と用事に追われ、親しくなったり別れたりし、あまりにつらいときはすべて投げ出して長い旅に出るし、不倫したり、私生児を産ませたり、金に困ったり、酔ったりしている。

それでも、彼らは人生を投げ出さなかった。ごまかすこともしなかった。全力で生きていてこそ、心震わせるものに出会えるし、そこからまた精力に満ちた仕事に向かえるからだ。そして、まともな偉人の誰一人として守銭奴(しゅせんど)はいなかった。それは彼らの心に虚無が根づいていなかったことを証明している。

ところで、感動といっても、美しいことや喜ばしいことだけに対する反応ではない。それらとは対極にあるように見えるもの、親しい人の死と直面すること、どうしようもない別れ、大きな失望、死の覚悟などに際しても、わたしたちは明らかに感動しているのだ。

そこに、人生を安易に回避したりせずに自己実現を続けている人の不思議がある。幸福も不幸も感動においては同じなのだ。それがわたしたちの心と能力を育てる恵みの雨だからだ。

すべて良いものは、生きることをうながしている。
あるいは、生きることの刺戟(しげき)となっているものだ。
言葉にしても、行動にしても、
生に強く向かっているものは良いのだ。

『漂泊者とその影』

13

幸福とは能力を発揮することだ

アイルランド出身の19世紀の作家オスカー・ワイルドの有名な短篇に『幸福な王子』がある。この物語の概要は次のようなものだ。

とある町の中心部に王子の像が立っていた。その像には若くして死んだ王子自身の魂が宿っていた。そろそろ寒くなる季節を迎えるから一羽のツバメが暖かいエジプトに旅立つ前に王子像の足元で休んでいると、上から大粒の涙が落ちてきた。

街にいる貧しい人々や病気の子供たちのために王子が悲しみ泣いているのだった。そして王子はツバメに、自分の体に飾られているルビーやサファイアなどの宝石を彼らのところに運んでいってほしいと頼んだ。

ツバメは王子の言う通りにした。それでもまだ町にはかわいそうな人、恵まれない人たちがたくさん残っていた。ツバメは王子の体にほどこされていた金箔を剥がしてはせっせと彼らのもとへと運んだ。

装飾がいっさいなくなった王子の像はみすぼらしくなった。ついに雪が降る季節になり、へとへとに疲れて南の国へ渡ることができなくなったツバメは王子に小さくキスをすると、力尽きて王子の足元に落ちて死んだ。そのとき、王子の鉛の心臓が二つに割れた。

天国では神が天使に、この世で最も尊いものを二つ持ってきなさいと命じた。天使は王子像の鉛の心臓と死んだツバメを持ってきた。そして王子とツバメは天国で幸福になった。

さて、この物語のタイトルになっている幸福とは何のことを意味しているのだろうか。単純に、天国で幸福になったということなのか。この世での慈悲や自己犠牲をすることが幸福だというのだろうか。

それとも、ツバメを介して換金できる宝石や金箔をもらった貧しい人たちが幸福になったのだろうか。あるいは、みすぼらしくなること、南の地で過ごすことができなくなったことが幸福なのだろうか。

しかし、もう一つの意味での幸福も考えられるのだ。ほどこしを受けた人たちよりもいっそう幸福になったのはこの王子とツバメである。なぜならば、彼らは自分の能力と感性を使ったからだ。**自分の能力と感性を存分に使う状態そのものが幸福なのだ。**こう解釈すれば、幸福の意味が最も大きくなる。

世間でいうところの幸福の一般的イメージは、物質的な豊かさと良好な人間関係と自己満足感だ。そのため、幸福となる第一条件は財を多く持つということになる。他の二つはそれに依存することが多いとされるからだ。

だから、結婚相手にできるだけ豊かな財を求めるのだ。実際に、配偶者の財の喪失で離婚する人はとても多い。伴侶となる相手の人間ではなく、財を愛しているからだ。結婚は愛情で結ばれた人間関係であるはずなのに、本心は財を愛しているのだから、その結婚は最初から物や快適さが欲しいがための利己的手段であったとわかる。

幸福は物質の多さや少なさに依存していないとすれば、残りは能力だ。能力の発揮が自己満足の幸福感を高めてくれる。デスクワークの管理職になりたがらずにいつまでも現場で捜査したい敏腕警部補はそれを自分の体で知っているわけだ。

自分の能力の発揮によって相応の報酬が得られるならば、精神的にも物質的にも幸福であるしかない。自分の能力や感性が豊かさを産むからだ。

これは経済的にかんがみた場合でも、金銭や土地などの財を持っている人よりもはるかに優位だということがわかる。自分の能力を誰かに盗まれたり失ったりすることがないからだ。しかも、能力は経験によって限りなく増大するというメリットすらある。

そしてまた、自分の能力を使うことはどういう場合でも快感をもたらしてくれるのだ。反対に自分の能力や感性が使えないのはいつも不快感をもたらす。このことをわたしたちは子供の頃から遊びを通じてとっくに知っていたはずではないか。

スポーツをして爽快な気分が味わえるのはどうしてだろう。答は体が知っている。自分の能力を使ったからだ。学校で運動部に属している生徒たちを見ればすぐにわかる。授業中は寝ているか、瀕死のような顔をしている。ところが、クラブ活動の時間になれば彼らはいきいきとし始めるではないか。

いわゆる名画というのではなく、世界的に観客に喜ばれる映画、たとえば『ロッキー』や『スターウォーズ』といった映画に出てくる主人公たちは必ず自分の能力をフルに発揮させている。途中で挫折はあるものの、そこを乗り越えて自分の能力で何事かを達成させるストーリーが展開される。

だから、そこに観客はみずからの体験であるかのように喜びを覚えて喝采するのだ。

その心理はわからないでもない。映画によって、自分の人生の代理をさせているわけだ。

もちろん、その状態でいれば幸福感や達成感が味わえる。観客の心の動きを知っている映画やドラマはその感覚を商品にして売っているのである。

けれども、それはあくまで仮想のものだ。肌に触れてくる現実ではない。だから、いくら恋愛ドラマを熱中して観たところで自分が恋愛の機微に通じた恋のヴェテランになるわけでもないし、カンフー映画を観て自分が強くなるわけでもない。ただいっとき、その香りを嗅いだように錯覚するだけだ。

そもそも、娯楽というものはすべて錯覚だ。きらびやかなディズニーランドから一歩外に出れば、風が吹きすさぶ現実がある。その現実の中にこそわたしたちの生はありありと存在している。だから、この現実の中で自分の能力を実際に働かせなければならない。

そうすることによって初めて本物の喜びが実感できるし、本物の幸福を自分の手に握ることができるのだ。

きみが持つ力はきみが想像する以上に大きく、
きみはまだまだ遠くへ行けるのだ。
きみの理想を超え、それ以上の憧れの地よりも
さらに遠くへ達する力をきみは秘めている。

『生成の無垢』

14

ジェネラリストを目指してみないか

あらかじめ手順やマニュアルがあり、それを覚える。その手順に沿って仕事をする。それで仕事がすむ。新しい仕事が来る。新しい仕事だから、これまでの手順には合わない。だから、別の手順を探す。あるいは誰かに手順を訊くか、マニュアルを探す。その手順で新しい仕事に取りかかる……雇われ仕事を単純化すると、このようになる。

アメリカの企業の従業員は自分の仕事の範囲が決められていて、その範囲を越え出てはならない。それは他の人の仕事を犯さないことでもある。研究の分野でなくても、仕事は専門化されているというわけだ。別の面から見れば、これは人間の部品化であり、用途別、料理別にそれぞれの食器を並べているのと同じようなものだ。

ところで、現実にはたくさんの種類の食器がなければ食事ができないというわけではない。深さの充分なボウル一つあれば、ほぼあらゆる食べ物を入れて食べることができる。

そのボウルのように汎用性の高い人のことをジェネラリストと呼ぶ。要するに、多くの事柄を知っていて、そのために多くのことができるような人を指す。

この100年で、ジェネラリストと呼ばれるような人はとても少なくなった。そして専門家、すなわちスペシャリストが多くなった。

紀元前から19世紀頃まで、知識人というのはだいたいジェネラリストだった。紀元前で典型的なのは前6世紀のピタゴラスだ。数百人の信者を持つ宗教教団をつくり、直角三角形の定理を発見し、ドレミファソラシドという主要音階の数比を発見した。

17世紀の有名なジェネラリストはフランスのパスカルとドイツのライプニッツだろう。パスカルは歯車式の計算機をつくり、確率論の創始者であり、かつ神学者で実験物理学者であり、その名前は気圧の単位ヘクトパスカルとして残されている。ライプニッツは微積分を発明したが、哲学者でもあり、政治学、法学、経済学にも通じていた。

18世紀から19世紀にかけて生きたカントもまたジェネラリストであり、物理学、天文学、地理学などあらゆる学問の本を書き、講義もしている。カントと同時代のゲーテも万能で、ドイツ語の他に6か国語を流暢に話し、詩、小説、戯曲を書き、自然科学の研究もし、それでいて大臣職に就き、乗馬と剣術が得意だった。

しかし現代の専門家はその専門とそれ以外のことを関連づけようとしない傾向がある。学問を横断して新しい知性に結びつけていこうとしない。これが現代の傾向なのだ。


わたしたちも同じだ。週に40時間程度だけ働けばよしとする。職種においてそれぞれの役割を果たすだけで十分と考えている。各人がそれぞれの細かい機能のようだ。それは確かに効率的でもあろうが、**現今の社会を国家の方針通りに動かすためだけの精密な機械の部品に化しているのではないだろうか。**

こういう時代にジェネラリストになろうとし、一人でいながら人間全体であるような生き方への憧れはおかしいことだろうか。人生を味わい尽くしたいというファウスト的欲望はあまりにも貪欲なことだろうか。ジェネラリストになるだけの能力がまだわたしたちの中で眠っているのではないだろうか。

学び、知識を積み、知識を今なお教養と智恵に
高め続けているような人は、退屈を感じなくなる。
あらゆる事柄が以前にもまして
いっそう興味深くなってくるからだ。
彼にとって、世界は興味の尽きない対象となる。

『漂泊者とその影』

15

読書は世界を広くする

しょっちゅう怒っているような人、何かにつけ落胆したり悲しんだりする人、不満や文句ばかり口にすることが多い人。そういう人たちがどのくらいの数の言葉をどんなふうに使っているか観察してみれば、すぐにわかることがある。

同じ少数の単語、いつも同じ形容詞、同じ論理、同じ言い回しばかり使っている。そして、いつも同じ結論にいたっている。まるで頭の中にそれしか入っていないかのようだ。

振り返って、自分自身はどうだろうか。いつも同じようなものを目にし、同じような反応をして、同じような感情を抱いてはいないだろうか。

それぞれ個性があるからそうだというわけではない。わたしたちが自分の中に持ちあわせている言葉がそうさせるのだ。

感情、考え、思い、それらがさまざまにあろうとも、外に表現するときには言葉を使わなければならない。

しかし、あらゆる言葉から適切なものを選んで使うわけではない。自分が持っている言葉のうちから言いやすいものを使っているだけだ。

すると、考えや感情がその言葉と同じになる。荒っぽい言葉を使えば、同時に感情や態度も荒っぽくなる。ひどく乱暴な言葉を使ったのにかえってやさしくなるといった分裂はまず起きない。

このように、**わたしたちは自分が使う言葉によって、自分の考え方やあり方が左右されるのだ。**各文化圏での聖典がひとしなみに「言葉には気をつけなければならない」と教えているのはやはり観察と経験から生まれた智恵であったのだ。

したがって、本を読んで語彙を増やすのは自分を変えるのに大いに役立つ。微妙な表現を知れば、自分の微妙な感情や思いを表現することができるようになるからだ。それは直接的に生活を変えることになる。

語彙を豊かにして自分を変え、さらに自己形成を高めていきたいならば、一般的な本よりもずっと効果が高いのは古典だ。

単語も言い回しも古い文章で書かれているが、それらが自分の感情や考えをずっと広く深くするからだ。高価な昔の家具を買って自慢するよりずっとましなことだ。

これも古典に含まれるが、世界の名詩集も大きな効果をもたらす。個性豊かな詩の数々を独り静かな場所でじっくりと味わいながら読むのだ。すると、ふだんの忙しい生活にまぎれて縁遠くなっていった情緒（じょうしょ）が自分に瑞々（みずみず）しく植えつけられるようになる。

これまではなんとなく意味がわかっていたが明瞭ではなかった美しい言葉の数々がはっきりとしたイメージと体感をもって自分に染みこんでくるようになるのだ。

畏敬（いけい）、崇高、森閑（しんかん）、誇り、水声（すいせい）、敬虔（けいけん）、光芒（こうぼう）、静寂（しじま）、葉叢（はむら）といったものが何を指すかわかるだけではなく、まるでその場にいて経験しているかのようにわかるのだ。

たった独りでするこういう読書は自分の感性を今までになく深く繊細にする結果につながる。それは、今までは12色の色鉛筆しか持っていなかったのに、油彩絵の具ばかりか岩絵の具、多彩な顔料（がんりょう）をも手にするようなものだ。

つまり、その分だけ自分の感性も多彩になり、見方や考え方も奥行きのあるものに変わるというわけだ。それは、世界を広くすることと同意義なのだ。

たくさんの言葉を知ることは、
たくさんの考えを持つことになる。
たくさんの考えを持てば、
ずっと広い可能性を手にすることになる。
これは生きるうえで利用できる武器の最大のものだ。

『曙光』

16

飽きるのは自分の成長が止まっているからだ

多くの人が誤解している。誰についてか。自分自身についてだ。自分の考えること、自分の感じることについてだ。自分自身についての誤解を解かなければならない。

飽きたという感覚も誤解の一つだ。会社に飽きた。この街に飽きた。相手に飽きた。この生活に飽きた。最悪の場合には生きることに飽きるようになる。

飽きたと言う人は、その何かがいつも同じでちっとも変わりばえがしないからだと理由づける。しかし、それは虚偽だ。

飽きるとは、自分がいつも同じ見方しかしてこなかったという証拠だ。あるものに対して、誰かに対して、同じ見方しかできないから飽きる。

自分が飽きたと思っているものの右や左や裏側や底をついぞ見たことがないのだ。

子供を育てている親は子供に飽きるだろうか。飽きない。
なぜなら、子供が日々成長するからだ。つまり、言葉がわかるようになったり、聞き分けがよくなったり、背が急に伸びたり、毎日のように変化している。その変化があるから子供に飽きないのだ。

まだ言葉もおぼつかないくらいの幼児は、毎晩同じアニメビデオを観せてもいっこうに飽きない。寝るときに毎晩同じ童話を語り聞かせしても飽きない。なぜか。

幼児は毎回、その物語の中の異なる部分に注目しているからだ。狼に注目したり、赤ずきんちゃんの言い方が変だと思ったり、森の暗さに驚いたりしているのだ。ストーリーだけを追うといった単純な聞き方をしているわけではないのだ。

幼児の単純な一人遊びもそうだ。大人から見れば単純だろうが、幼児にとってはとても複雑な世界を相手にしているほどのダイナミックさに溢れているのだ。

だから、単純で曖昧な形状を持った玩具ほど、幼児には好まれることになる。ミッフィーなど丸、三角、四角と数少ない単純な色彩で構成されるディック・ブルーナの世界が好まれるのも当然なのだ。

なぜならば、リアルで複雑な形をしている玩具ほど無邪気な想像の入る余地がなくなるからだ。幼児が家の中にあるどうということもない家事用品などを新奇な玩具のように扱っておもしろがる理由がそこにある。

大人が飽きるのは、幼児のように自分からものの見方を変えていないからだ。いつも物事の同じ面しか見ていないから飽きる。

物事がつまらないのではない。物事を見る自分の姿勢や視線がマンネリズムにおちいっているのだ。

なぜ、マンネリズムになるのか。自分自身の中に変化がないからだ。要するに、ニーチェが言っているように**「飽きるのは自分の成長が止まっている」**からなのだ。

それは自分がもう知っていることだと思ったとたん、飽きるようになる。しかし、知っていると思うこと自体が誤解だ。本当は何もつまびらかには知っていない。

知っていると思うから、本を読んでもつまらないということになる。しかし実際には、その本に出てくる地名の場所を地図で示すこともできないし、歴史の年代も定かではないし、一つの言葉の意味すらちゃんと説明できるほどではないのだ。したがって、一冊の本を読むにしてもおおまかに読むだけであり、理解してはいないのだ。

同じような態度が他の人間に対しても向けられている。だから、あの人は退屈だなどと言いだすのだ。深く関わらず表面しか見ていないから退屈だと言うのだ。

ちなみに、ヘブライ語でヤダーというのは知るという意味だ。物事を知るのもヤダーであり、体の交わりで異性を知るのもヤダーだ。

また、ヤダーには貫き通すという意味合いもある。知るというのはつまり、深く関わるということだからだ。深く関わっていなければ、知っているとは言えないのだ。

紀元前のギリシアの哲学者アリストテレスはこう述べている。

「『知る』とは、自分が、まだ自分がそれではなかった、それそのものになることだ」

つまり、自分が対象を突き放して見るのではなく、対象の中に入ってしまうということだ。わたしたちが悲しい物語を読み、あるいは悲恋ドラマを見て涙を流すのは登場人物の中に入ってしまっているからなのだ。

だから、知るということは、うわべの名称を知ることでも、見かけることでもない。みずから深く経験するという積極的な行為なのだ。

それなのに、学校の教師が使っている意味での「知る」を知ることだと思ってしまっているから、何もかも知ったと勘違いして飽きるのだ。

疲れたら早々に寝ればいい。飽きたら、自己超克の歩みが止まっていることのシグナルだと思えばいい。そして、そこをも克服するために何事も深く知るよう生き始めればいいのだ。

そうすると、そのつどプレゼントがもらえる。そのプレゼントとは、世界がこれまでになく新鮮に輝き始めるということだ。

手に入れたものに慣れてしまったから飽きるのだ。
けれどもそれは、本当は自分自身に飽きているということだ。
手に入れたものが自分の中で変化しないから飽きるのだ。
つまり、自分自身が成長し続けない人ほど飽きやすいことになる。
人間として成長を続けている人は、自分が常に変わるのだから、
同じものを持ち続けても少しも飽きない。

『悦ばしき知識』

17

人生という旅を存分に味わえ

ニーチェは大学の教師で人生を終えた人ではなかった。35歳のときに健康上の理由で大学を辞め、その後10年間にわたって馬車に乗り、蒸気機関車に乗ってイタリア、スイス、フランスへの旅を続けた。そして45歳のときにトリノの石畳の上で倒れた。

それまで彼は、旅先の宿のランプの下でたくさんの原稿と手紙を書いたのである。多くの見知らぬ人に出逢い、彼らを観察し、深い感動を抱きながら異国の街を歩き、誰もすぐには助けてくれない状況の中で生き抜き、ホテルのホールにあるピアノを弾き、変人扱いをされ、それでも明るさを失わず、無邪気な幼い子供たちと遊ぶのが好きだった人である。

大学教員の安泰な生活のままだったら、人間に対する鋭い洞察は生まれなかったろう。いろんな国のさまざまな階層の人々を観察し、彼らと話し、人の行ないというものをよく見ていたからこそ独特な人間哲学を建てることができたのだ。

ニーチェに慣れや退屈はなかった。いつも子供のように新鮮に人や物や風景を見ることができた。まさに旅人の眼でこの世界を見て体験していたのである。実際、彼は人生を旅になぞらえていた。そして、人生をゆく人を次の五つのレベルに分けている。

最も低いのは、自分が見られるために漫然と旅行している人だ。その次は観光して満足する人。三番目は、その地に特有なものを体験する人。四番目は自分の見聞と体験をゆっくりと味わい、ついには自分の血肉とする人。五番目は自分が体験し、血肉としたものを、ふだんの生活の中に活かしていく人である。

人生を旅するわたしたちはこれらのうちのどの人だろうか。漫然と生きているだけなら、見聞きしたものをこれからの生活に役立てていくことはできない。そしてニーチェは五番目の人を、「人生をあますことなく生きる人」と呼んでいる。

言い換えれば、その人は人生の体験のいっさいを引き受ける人であり、そのいっさいを活かす人でもある。もちろん、自分がさらに強く生きるために。

現代人は、本当のところ切実ではない。独りで旅をしていない。いつも誰かと一緒であり、誰かに依存している。したがって、自分の眼で物事をちゃんと見ていない。実際にどこかへ旅をしているときでさえも。

さらに現代人は、何においても自由に取捨選択できると安易に考えている。だから、仕事においても人間関係においても、ちょっとでもいやな感情を味わえば、それから離れて甘い匂いのするほうへなびくのである。あたかも、こころよい体験をする権利でも持っているかのように。それはショートケーキの上に乗った苺だけをつまんで食べ、ショートケーキは苺の味がすると言うようなものだ。それではこの日常を旅することはできない。

人生の旅はもっと贅沢なものだ。甘い部分もあるし、苦い部分もある。それが人生の味というものだ。

人生という旅路において、
体験や見聞をそのとき限りの記念品にしてしまえば、
人生は決まりきった事柄のくり返しになってしまう。
何事も明日からの毎日に活用し、
自分を常に切り開いていく姿勢を持つことが、
この人生を最高に旅することになるのだ。

『漂泊者とその影』

18

誰もが豊かな才能を持っている

甘美な中毒性などさらさら含まれておらず、困難や難儀や面倒のほうが多くの割り合いを占めるものなのに、他のことはほっておいてもたずさわりたいという気持ちがあり、そしていったんたずさわれば、そのたびに食事も時間も忘れるほどに熱中してしまうものがあるならば、それをする才能が自分にあるという確かな証拠だ。

ただし、この熱中は、ずっと快感を覚えているという意味ではない。しんどさがありながら打ち込んでしまうということだ。そうだからこそ、多くの芸術家やアーティストはあれほど多産なのだ。あるいは、サリンジャーのように世間から隠遁しているように見えはするものの自分自身は作品を書いていなければ気がすまないタイプである。

こういう人はいわゆるワーカホリックに似てはいるけれども、依存性などはなく、自分を見失っているわけでもない。ただそれが好きで、それをすることによってようやく自分でいられるような感覚があるだけだ。

もう一つの形の才能もある。

自分の意志や動機に関係なく、たまたま、あるいは仕事上の必要性からたずさわらなければならなくなった物事に習熟したあげく、その物事に関わることにこのうえない喜びと熱中を感じる場合だ。

この人たちは、職人とか仕事のプロと呼ばれるようになる。

たまたま金額の大きな、あるいは目立った成功をしたことがある人を世間ではプロとして持ち上げたりするが、世間的に目立たなくても仕事のプロである人は少なくない。また、彼らのスキルは方法論化できないし、盗まれることもない。その人自身の感覚でなければできないスキルを持っているからだ。

入口や形は異なっているけれども、この両者はどちらも自己の能力を才能として実現化している。才能と呼ばれるものはだいたいこの2タイプに収束される。

つまり、どんな人でもこの2タイプのどちらかの形として自分の才能を発揮できるということだ。

それは自分だけが感じとれるものだ。他人が判定することはほぼできない。一般的なコンテストなどで判定されているものは、目に見える部分だけだ。しかも、興行師たちの商売に利用できるものだけに限られている。自分の才能は自分にしかわからない。

そういう才能と、世間で信じられているところの才能は異なっている。世間が才能と呼ぶものとは、生まれつき与えられているもの、あるいは特別な血統の力の発露だ。

それは、古来の血統主義を引きずり、自分たちの現在の利権、既得権益などを堅持しようとする一群の人々が自分たちの勝手なつごうから考え出したものである。

つまり、彼らがいうところの血とか才能はフィクションにすぎない。そのフィクションをあたかも事実であるかのように語り、世間の人々に信じこませれば、自分たちの商売が安泰になるのである。

しかし、すこぶる多くの人がこうしてだまされ、才能とは血や遺伝だと考える。それは同時に、自分の才能の可能性を絶望的なほどに小さくしてしまっていることに気づかなければならない。

天賦の才能がないといって
悲観すべきではない。
才能がないと思うならば、
それを習得すればいいのだ。

『曙光』

2章

世間の価値観から自由になる

19

世間に従うかどうか、決めるのは自分だ

人は自分が好きなもの、欲しいものの価値を高く考える傾向がある。自分が嫌いなもの、知らないもの、手が届きそうにないものの価値をきわめて低く考える。

しかも、自分が好むもの、欲しくなるものはだんだんと変わっていく。だから、そのつど価値観も変わり続ける。「自分の価値観」という言い方をする人もいるが、実はそんな価値観など少しも固定されているものではない。砂に打ち込んだ釘よりも緩い。

自分一人だけでもそれほど揺れているものだ。したがって、世間の人々の価値観もそれほど緩く、いつも風になびいて揺れている。

なぜなら、世間の人々とは無数の自分だからだ。そして、世間とは過去の無数の自分のことだ。

世間という怪物をつくっているのは、その時代の政治思潮と法律、そこから派生してくる「今の常識」と呼ばれる倫理道徳、大多数による付和雷同と無関心だ。そうしてぼんやりとした形になった世間を、メディアは拡大して映している。

その世間に従うほど、大衆の一人として世間に埋没することになる。目立って世間に反撥すれば、白い眼で見られるか、反感を買うことになる。

だから、世間にいながら世間に対抗するには、面従腹背しかない。つまり、世間人のふりをしつつも、世間の人のような行ないや考え方をしないことだ。特に、自分の仕事や生活において。

この世間を、ヤクザは「娑婆」と呼んでいる。これはサンスクリット語のサハーの漢語訳だ。サハーとは、苦しみを耐え忍ぶ場を意味している。苦しみの源となっているのは、世間でのしがらみ、損得勘定、人間関係だ。

こう感じるのはいつの時代でも同じであって、古代の中東においても世間には苦しみや理不尽が多かった。イエスという男はそれに怒って、世間を痛烈に批判した。だから、彼は幾度も「この世は長くは続かない」だの「この世はすたれる」などと言った。

イエスの言った意味は、世間というものがやがてなくなるということではなく、世間の今の価値観はいずれ新しい価値観に取って替わられる、ということだ。

もちろん、次の世代の世間のありようを決定するのは個々人の現在の考え方と態度だろう。だから、今ここに生きているわたしたちそれぞれの生き方が次の世間というものをつくりあげていくことになる。

世間にありながら、世間を超えて生きよ。
まずは、自分の心や情に振り回されないことだ。
それができるようになると、
世間や時代の流れや変化にまどわされないようになる。
そして、確固たる自分を持ち、
強く生きることができるようになるのだ。

『善悪の彼岸』

20

世間の価値観にからめとられるな

歴史上で最も多くの人の顰蹙（ひんしゅく）を買ったフレーズは、おそらく「神は死んだ」だろう。この一言を著書『ツァラトゥストラはかく語りき』に記したために、ニーチェはキリスト教圏の多くの人を敵にまわした。神を冒瀆（ぼうとく）する者、罰（ばち）当りとも呼ばれた。

この文脈での言い方における神はキリスト教の神のことではあるが、また、暗喩ともなっている。つまり、神という表現はこれまでの絶対的価値基準、今までの価値体系のことをも指している。

19世紀当時、西欧でのキリスト教は勢いがなくなり、イギリスを起点として産業革命が起きたことで経済が活発になり、価値観において経済的豊かさが幅をきかすようになっていた。つまり、伝統的な宗教的な倫理観では人々の価値観を抑えられなくなっていた。それが神の死の具体的な状況だった。

では、現代はどうだろう。神は昔の伝統とするされた戸棚の奥深くにしまわれてしまっている。そして現代のわたしたちに共通する倫理は法律であり、価値観の基準は経済の力と性的魅力に濃縮されている。

こういう価値体系をもたらしたのは革命の果てに生まれた近代国家だ。国家政治は法によって価値体系をめぐらし、その体系に見合った制度をつくり、それらによって国民の生き方を見えない指でコントロールしているのだ。

この価値体系にからめとられてはいけないと最初に述べたのがニーチェであり、20世紀の半ば過ぎになってから膨大な証拠を示してさらに大声で叫んだのがミシェル・フーコーというフランスの哲学者だった。

現代ではナシーム・ニコラス・タレブが著書『反脆弱性』（ダイヤモンド社）の中で「価値体系の囚人になるな」と告げている。国家がつくった価値体系を自分の価値観としてしまえば、それは自分の自律性を放棄してしまうことであり、同時に脆弱な生き方しかできなくなってしまうからなのだ。

コンピュータのインターネットワークシステムによって、今では既存の価値体系の内側にもう一つの価値体系が構築されつつある。それもまた同心円の亜種の世間なのだが、この世間における価値観が秒単位で世界中に拡散して植えつけられているのだ。

それは、わたしたちが自分なりに生きて自分なりの価値観や倫理観を生涯にわたってつむいでいくという機会を根こそぎもぎとる力を持っている。SNSで絶え間なく流れている無責任な価値観にわたしたちはなぶられているのだ。

その価値観に賛成すれば、「いいね」というしるしで歓迎され、仲間だとみなされる。それは承認欲求をくすぐられはするものの、同時にわたしたちは自分なりの価値観を棄てざるをえなくなるのだ。

それはもちろん、自己実現的な生き方の廃棄につながる。自律による自立も失ってしまう。

これは個性どころか、自分自身の人生をまるごと失うことだ。

人はおおむね、支配的な常識、因習などから
自分の考え方をつくってしまう。
そして、他のみんなとだいたい同じに考える
ということで安心している。
しかし、それは拘束されているということでもある。

『人間的、あまりに人間的』

21

自分自身の価値基準を持て

ニーチェは、「価値判断というものは人それぞれに自分勝手なものだ」と言った。

確かに、わたしたちは自分につごうがいいことをよく評価し、自分にとってマイナスなことを否定する傾向がある。他の人もそうだし、大金持ちも貧乏人も、政府役人も聖職者も同じことをしている。

すると、わたしたちは自分の今の体調、気分や好み、損得勘定を基準にして、物事のそのつどの価値を判断しているということになる。

一人でいるときはそうなのだが、仲間や不特定多数といっしょのときは、これらの基準がだいぶ控えめになり、その時代の価値観や常識といったものが大きく表に出てきて、そこを価値判断の中心にして互いに理解したり、同調したりする。

つまり、「あたりさわりのない」意見や同調、互いに賛成する態度が社会集団においては好まれるということだ。

ここにあるのはもちろん「調和」ではなく、安易な「付和雷同」だ。そのたくさんの付和雷同が世の中というものをつくっている。

だからこそ一方において、たいがいの人と価値観や常識が通じあうことにもなる。

しかしまた、別の観点からすれば、世間の価値観に従ったままでいることは、既存の価値観に依存しているということでもある。

価値観を自分であらためて考えてみることもなく依存しているのだから、実はその価値観に意義や内容といったものを認めることを放棄しているともいえる。それは、気持ちのこもっていない拍手や、形式だけの慇懃（いんぎん）な挨拶（あいさつ）と同じだ。

価値観を失っているわたしたちはいわば、現代のニヒリストなのだ。

ニヒリストは自分の中に基準を持っていないから、物事をただ金銭価値のみで計る傾向が強い。たとえば、絵画のすばらしさをその絵画の描き方から判断せず、希少性と市場の取引価値で判断する。

このようなニヒリズムは確かに経済の一部をふくらませる。しかし同時に、文化的な産物に時価の値段をつけ、その多寡を文化の優劣と同じだとする尺度を広める。あげくのはてにそういうレベルの感性を人間世界にまで持ち込んで、金銭の獲得の多さによって人の能力や重要さを判断するということを厚顔にも行なう。その態度は現代に蔓延している。

それが、わたしたちが感じる現代の殺伐さだ。ニヒリストは砂漠を生みだす人々なのだ。水のきらめきを映すオアシスは遠い蜃気楼でしかない。

わたしたちはもっと強靭であるべきだ。
世間の波の中で社交的に生きながらも
漂流してしまわないように。
そして、孤独を恐れず、むしろ孤独になることに
自分を全面的に見出す楽しみを味わうこと。

『善悪の彼岸』

22

自分を世間の視線で見てはいけない

自分がいやになるとき、否定したくなるときは誰にでもある。過去と同じ失敗をした自分を大声で叱責したくなるときも誰にでもある。

そのようなとき、わたしたちの頭と眼は世間的な比較と優劣の次元に立っている。世間にたくさんある基準に照らし合わせて自分に低い点数をつけ、いやになったり罵倒したくなったりしているからだ。

自分を限りなく成長させようと思うなら、自己については世間の視線で判断してはならない。それはしかし自分を甘やかすということではない。

なぜならば世間の視線というのは、虎視眈々（こしたんたん）としてすべてのものに偏差値と順位をつけようとしている悪意に満ちた教師と同じだからだ。その視線は、幸福の度合いはもちろん、発した言葉の一つひとつにまで、あまつさえ悲嘆や苦しみにまで点数をつけるし、しかも不死なのだ。

多くの人の苦悩は、この視線の中でのみ生まれる。人間なら誰にでも必ず訪れるふつうの事柄が、この意地悪な視線の中では不幸だの不運だの力不足だのという烙印を押されてしまうのだ。

そうすることで、たまさかのちょっとしたつらさが苦しみになり、いっときばかりの苦しみはたちまちのうちに奈落の底に落とされたような暗い苦悩に変化する。

だから、自分を見るときは、この世間の視線を用いず、それを高く超越した視線で見るようにしなければならない。

超越した視線で見るとは、自分をこの地上に立った初めての人間として見ることだ。自分を、初めての人間として、そのいちいちを興味深く見守るのだ。

わたしたちが陽光に照らされた熱い地べたを力の限り這い歩く一匹の小さな虫を見つめるとき、その虫を愚かだとか、不器用だとか、生きるに値しないとか、哀れだとか、罰してやろうとか思っているだろうか。

そうではないはずだ。虫が這っている姿を目にするだけで今ここを生きていくことの懸命さを感じるし、貴重さや命の神秘さすらも感じる。その虫に対して死ねばいいのになどとは決して思わない。いとおしくさえ思うはずだ。

それと同じ視線で自分を見るのだ。自分の発言、自分の行ない、自分の態度を。こうすれば、胃に残るような後悔も恥辱も生まれようがない。こうすれば、自分をいつまでも責め立てる気持ちになることもない。

自分をそのように眺める超越視線に慣れてきたら、次は身内もその眼で見たほうがいい。そして、できれば、これから愛そうとする人をも。

自分はたいしたことがない人間だなんて
思ってはいけない。
最初に自分を尊敬することから始めよう。
まだ何もしていない自分を、
まだ実績のない自分を、人間として尊敬するんだ。

『力への意志』

23

自分の自由を誰にも殺させない

古代からの神話や宗教書がずっと読まれているのは、人間や社会についての重要な暗喩がそこにあるからだ。軽く読んだだけでは奇異な物語なのだが、その状況を現代にあてはめてみると、わたしたちの今について語っているのだとわかる。

ギリシア神話に出てくるプロクルステースという強盗の物語は次のようなものだ。

アテネに近いエレシウスという町の郊外の丘に、悪人プロクルステースの隠れ家があった。彼は通りがかった旅人に親切な声をかけるのが常だった。「長旅でだいぶ疲れているようだね。どうだい、ちょっと寄って休んでいかないかね」

そして、旅人をベッドに寝かせる。背の高い旅人の足がベッドからはみ出たら、その足を切り落とした。旅人の身長がベッドの長さにたりなかったら、体を引き延ばす拷問にかけた。

いずれにしても、旅人を殺すのである。そのベッドはそもそも伸縮可能で、プロクルステースは通りかかった旅人の体に合わなくなるように長さを調節していたのだ。そうして、殺された旅人の荷物や財を横取りするのが彼のやり口だった。

この物語からいくつもの暗喩が読みとれる。その一つは、プロクルステースを国家の制度や規範と考える読みとりだ。

国家は国民を決まったベッド、つまり鋳型に嵌(は)めて支配しようとする。窮屈でこと細かい条件を前提にする制度や規範を設定するから、公務員以外の国民は必ずそこからはみ出してしまう人が多くいる。

つまり、国家や行政が敷く制度や規範といったものは、その人なりに暮らしている人間の状態にそぐわないことが多い。であるならば、制度を敷いて法で縛ることは多くの人が持っている可能性をかえって奪うことでもある。これを、国家は支配のために人間の自由を狭く制限しているとも言い換えることができる。

規模をもっと小さく考えれば、親族はもちろん、なんらかの縁や仕事の関係を利用してプロクルステースになっている人もいる。その人たちもわたしたちをさまざまな理由で支配し、わたしたちから不当な利益を得ている。

　さらには、自分にとって自分がプロクルステースになっている人もいる。まともな人間ならばこうしなければならないとか、こんな考えはおかしく見られるといったふうに、自分で自分をきつく縛る枠組みを決めているのである。これもまた、**自分で自分から可能性を奪うことだ。男だから、女だから、長男だから、日本人なのだから、という理由、自分への言い訳も構造は同じであり、結局は自分の自由を殺すことになる。**

　ニーチェは、「人間には力への意志がある」と強く主張した。この力とは、自分の生を自分の意のままに行ないたいという深い欲求のことだ。心の底からのその欲求を十全に充たすために、何があろうとも、自分の自由を決して誰にも殺させてはならないのである。

ある事柄や出来事については
こういう心情や考えを持たなければならないと
いうことは全然ない。
本当に自由に自分の人生を生きたいなら、
世間に溢れている画一化した考えと態度から
きっぱりと抜け出してしまうことだ。

『人間的、あまりに人間的』

24

まず自分自身を知れ

決して臆病にならずに、自分のしたいことを行ない、世間にも誰かの意見にも流されず、どんなときも、何があっても、いつも素直な自分のままで生きていれば、どんなに気持ちがいいことか。

そんなことができればこんなに苦労しないと言い訳するけれど、誰が自分を邪魔しているかすでにはっきりとわかっているはずだ。だったら、あたかもその人がいないかのようにふるまえばすむことだ。世間に気兼ねしているのならば、あたかも世間が存在していないかのようにふるまえばいい。事を成した人はみんな、そういうふうにしてきたのだ。

しかし、多くの人はそうしない。自分の好きなままにふるまうと反社会的なことをしかねないという危惧（きぐ）からではない。**自分が何をしたいのか、実は知らないからだ。自分がし**

たいことがわからない人は、自分自身の姿は鏡に映して知っているけれども、自分がどういう人間であるかを知らない人なのだ。

自分自身の正体を知る方法として、ニーチェは次のように言っている。

「これまでに自分が本当に愛したものが何であったのか。何が自分の魂を高みに上げただろうか。自分の心を真に満たしたもの、心を喜ばせたものがどういうものであったか。今まで何に夢中になったことがあったか。これらの問いにまじめに答えてみよう。すると、自分自身がそこにはっきりと現れてくる」

ふだんのわたしたちは巧妙なごまかしの中で生きている。

近所の知り合いに会えば笑顔で挨拶(あいさつ)をし、仕事中は自分を押し殺し、友達と会えば嘘の混じった近況を話し、親兄弟には心配をかけないよう気づかう。気ままな気持ちを殺し、大笑いすら抑える。

一日の時間の中で、本当の自分がどこにもいない。他人から非難されないような服と、社会に向けた仮面ばかりたくさん持っている。快活な自分はいつだったかと思い出してみると、学校時代あたりまでの記憶しかない。独りになって自分を取り戻せる時間にはすでにぐったりと疲れてしまっている。

自分自身を生きることが禁じられているわけではない。ならば、**本当の自分自身をそのまま生きていいのだ。そうしなければ、本当の自分自身がだんだんと小さくなっていくばかりだ。それは人生を惨めにすることだ。**

他人のために、社会のために、親兄弟のためにと配慮することはちっとも悪いことではない。しかし、その前に自分をいたわり、自分をたいせつにしなければならない。それは自己中心的になることではない。そうではなく、自分自身を生かすことである。

まず、自分を存分に生かす。それが最初だ。そのあと、余力で他人を生かすのである。

まずはこの自分自身を愛さなければ。
自分を少しもないがしろにすることなく、
しっかりと愛さなければ。
とにかく自分をだいじにしなければ。

『ツァラトゥストラはかく語りき』

25

自分が何をしたいかはっきりさせよう

親は子供にこれこれのことはしてはいけないとしつける。学校に入れば、教師が校内での規則や旧態依然たる道徳のようなものを教える。

社会に出て働くようになれば、企業が社内の規則やビジネスの規範・マナーを教える。

世間は文化伝統が生んだしきたりに沿うよう無言で強いてくるし、近隣の人間関係の決まりごとのようなものも生活の中で不文律として知らされる。

要するに、広い意味での倫理が、わたしたちの考えや行動をやわらかい真綿のように縛ろうとしている。

政治は、制度や罰則つきの法律によって国民の行動や生活を規制する。それが具体的な統治の形だというけれども、別の言い方をすれば支配でもある。その法は文化の一部に溶けこみ、やがて倫理に変質していく。この構造は古代も現代も同じだ。

だからといって、統治の方針からにじみ出てくる倫理が正しいというわけでもない。付和雷同した多数が習慣のように行なってきた倫理は蔓延して因習となるが、その因習がしばしば個人においては苦痛や耐えがたい理不尽さをもたらすこともある。

そのせめてもの防衛をするために、わたしたちは社会においては社会人らしく因習通りにふるまい、個人においては自分らしくふるまうようになる。おそらく、このような面従(めんじゅう)腹背(ふくはい)がもっとも簡便に世間をやりすごせる方法だろう。

ただし、これができるためには自分が何をしたいのか、自分はどう生きたいのか、ということをふだんから自覚して実践していなければならない。なぜならば、自分で自分をコントロールして支配できなければ、世間をやりすごすことなど難しいからだ。

もし、わたしたちが多くを他人任せにしたり、世の流れを漫然と受け入れて生きているだけならば、たちまちのうちに世間に取り込まれてしまうだろう。もっともひどい場合には、抵抗のしようもなく戦場に立たされてしまうことになる。

だから、わたしたちは世に蔓延している倫理を世間的な挨拶のようにせめて戸口の前までとどめておいたほうがいいだろう。そして同時に自分としての倫理を持っておく必要があるだろう。

その自分だけの倫理は難しいものでなくていい。自分がたどりついた人生の確信が自分の倫理であるだけでいいだろう。そこに自分の生の個性の根もまたあるはずだからだ。

その倫理はどんな国のどんな人にも通じる、緩やかで普遍的なものだろう。ならば、それこそ永遠の倫理だ。

自分がなぜその道を行きたいのか、
深く考えよ。
それがはっきりすれば、あとはもう簡単だ。
歩いていけばいいだけだ。

『偶像の黄昏』

26

自分なりの倫理が自分らしさをつくる

王は決まりごとをつくる。それを掟とする。王に仕える民はその掟にしたがわねばならなかった。その掟は民の倫理となる。

もし王に権威や人望が不足していた場合、王はその掟は神からのものだとした。すると、民はしたがいやすくなる。

小さなグループにおいても形は同じだ。不良少年たちや少年ギャングはリーダーが決まりごとを設定し、他の少年たちはそれを自分たちの鉄則やルールにする。

国は憲法や法律という決まりごとをつくる。それと古来の宗教が混じりあって民間の倫理や常識、価値観が形成される。

企業もまた、企業内倫理や社則をつくる。それは企業風土をつちかい、型にはまった凡庸な社員を育成する。

家庭にあっても、伝統や家柄や権威のあった祖先が不文律として家風をつくる。家族はそれにしたがわねばならない。

今でこそ倫理はなにかしら美徳のように思われているが、実際にはこういった倫理は、その成員がよく生きるためにあるものではない。ただ、無根拠の、あるいは暴力的な権威から来る命令なのである。

もっとはっきり言えば、支配のための枠組みである。だから、倫理にしたがえば自分の生が豊かに発展するというわけではない。むしろ、個人の可能性の自由を狭めるだろう。けれども共同体の中では倫理にしたがえば生きやすくなるし、白眼視されない。「郷に入っては郷にしたがえ」とはそういう意味である。

また、共同体の倫理にしたがえば、いちいち考えなくてすむようになる。何をどのようにしなければならないか、すでに決められているからだ。そこからちょっと外れれば、おかしな人だと見られる。大きく外れれば、非常識だと見られる。

ところで、わたしたちが子供だったとき、倫理や風習から生まれた礼儀にきちんと沿っている大人たちを見て、ああ立派だなあと感動しただろうか。まさか、そうではあるまい。なんだか窮屈そうだと思ったはずだ。

なぜならば、子供として爆発するほどの可能性を秘めていたからだ。何でもできる、世界くらい簡単に征服できるという気概を持っていたからだ。それはわたしたちの内部の溢れる力から来ていたのである。

大多数の人と同じように世間を知ること、世間に染まることが、自分の生活に波風を立てないようにするには確かに得策だろう。しかしそれでは、個性ある人間になることはできないし、自由に自分の能力を最大限に活かす人間になることもできない。

だからニーチェは、「自由であろうとする人は非倫理的にならざるをえない」と正直に語ったのである。非倫理的であるからといっても、人の道に外れるということではない。そうではなく、向かい風の中で自分なりの倫理の道を行くということである。

その自分なりの道を自分で創造しながら敷設していくのは、最初はとても困難だろう。だが、それこそ自己実現の道でもあるのだ。勇気をふるっていったん歩き出せば、その道はおのずとできてくる。

自分が信じる価値観や主張を
はっきりと口にせよ。
誰にでもわかるように言い放て。

『生成の無垢』

27

自分の人生を丸ごと引き受ける

ニーチェが創造した人物ツァラトゥストラが、このようなことを述べている。

「私はどんな偶然でも拾い集めては深鍋に入れ、煮込む。ぐつぐつと煮えて、ようやく柔らかく煮えあがったとき、私はそれを自分のための食べ物としてほおばるのである」

ツァラトゥストラという不思議な人物のセリフとして書かれているのだが、文字通りに読むならば、精神を病んだ人のたわごとでしかない。しかし本書でもすでに述べたように、こういった表現は暗喩を含んだ哲学的な詩文だ。

ツァラトゥストラの言いたいことはしかし少しも難しくはない。人生に偶然に起きることを自分に起きるべき必然として、あるいは自分の運命として引き受けるということだ。しかも、どんな偶然をも。

わたしたちもそうだろうか。たいがいの人はそうではないだろう。自分にとってつごうのいい偶然は喜んで引き受け、つごうの悪い偶然はできるだけ遠ざけようとしている。会いたくない人に会うことや、事故や病気や不運などのことだ。

目標に向かうためによけいなことは排除して効率的に自分の道を進んでいくべきだという考えが現代では蔓延しているのではないだろうか。こういう考えはとても観念的だ。つまり、現実的ではない。というのも、**生きている以上、予想もしなかった多くのわずらわしいことが起きるのはあたりまえのことだからだ。**

わたしたちはいわゆる一種のバカなのだが、わたしたち自身は日常のだいたいにおいて最善に近い選択をしながら生きていると思っている。あまつさえ、自分は平均的な人間よりも運がいいほうだろうとひそかに思いこんでいる始末だ。

しかし実際には、わたしたちは自分のささやかな知識と経験と勘からのみ行動を決めているだけなのだ。おずおずと、用心深く、いくばくかの不安を隠しながら。

望んでいない結果が現れれば、失敗とか不運とか勝手に名づける。自分を責めたくないから、誰か他人のせいにしたり、政治や時代のせいにする。あるいはいつまでも責任をとりたがらない。つごうのいい結果になれば、成功とか幸運と名づけ、自分をほめたり、こういう結果を得た自分こそ賞賛を浴びるべきだと傲慢になる。

この人生ではあらゆることが起きる。危険の予想も回避もできない。**起きることはすべてたんに起きるだけであって、そのことにいちいち不幸だの事故だの因果応報だのと名づけるのは世の中の人間だ。その価値づけさえしなければ、出来事はただの出来事になる。**

何を偶然とするか必然とするかもわたしたちの考え方しだいだ。不運と考えるならば、それを嫌悪して引き受けたくなくなる。しかし、これが自分に与えられた人生なのだとすれば、すべて引き受けて誇らしく自分の人生だとすることができる。

いったいどちらの姿勢がこの人生を満喫する生き方だろうか。もちろん、すべて鍋で煮込んでおいしくいただく人のほうだろう。旨かったら、最後の死も旨くなるだろう。

生きている限り、やむをえざる必然的なものが
たくさん生まれてくるものだ。
つきあい、世話、面倒、始末、労苦、確執、別離……。
一つひとつの事柄を引き受け、丁重にしまいまで
扱ってやったほうがいい。そうすれば、
あらゆることが自分自身のものになるだろう。

『生成の無垢』

28

人生はいつもランダムだ

親はこれまでの人生で味わったさまざまな労苦や、ようやく克服できた困難を、自分のかわいい子供だけにはしてもらいたくないと思っている。

だから、子供の環境とか友人関係などをなるべく最良のものにするよう努め、評判のいい学校を選び、有名企業に入ってもらい、良家の子息を生涯の伴侶に選び、生涯にわたって安心のできる豊かな生活を送ってもらいたいと願い、親なりの相応の努力を惜しまない。

そういう親に育てられた子供はどうか。いつも違和感を覚え、親に決して知られたくない場所と時間を隠し持っている。あるいは、顰蹙（ひんしゅく）を買うような性癖を持っている。深く悩んでいたり、自殺を考えていたりする。ゲームやギャンブルがやめられない……。

いくら人生をいっさいのストレスのない完璧なプロジェクトにしようとしても無理とい

うものだ。塵（ちり）ひとつ落ちていないモデルハウスのような家に人は住むことができない。確（かく）執（しつ）や金銭問題もだらしなさもないような完璧に清廉潔白な生き方などありえない。

それと同じように、平和で豊かでみんなが安心して暮らせる安全な世界などありえない。

それなのに政治家たちは、自分に票を入れてくれればそういう社会にしてあげるとたわごとを演説する。それを信じて投票するのは、さきほどの親のような人たちだ。

たぶん、かなり多くの人は、自分がしてきたこと味わってきたことを振り返って反省し、ああしなければよかった、あのときは選択をまちがえた、などと自省し、それらがなければ今はもっと豊かであったろうという考え方をするのだろう。そういう過去があったからこそ今まだ生命を保っているというふうには考えない。

計画通りに、つまり観念に忠実に沿って物事が運ぶことは絶対にない。同じコード進行でも印象がまったく異なる楽曲が生まれるようなものだ。歯磨きペーストがすべて口中に入るわけではない。顎にべっとりついたり、赤いラグを白くしたりする。「マーフィの法則」は人生のランダム性を笑っているが、そのランダム性こそ現実なのだ。

人生のランダム性は、理不尽でも不条理でもない。現実だからだ。

理不尽や不条理は、人間の頭が考えたことだ。わたしたちが規則的な文法のある言葉を使う以上、わたしたちの頭はどうしても論理で考える癖がある。その論理からはみ出すものを理不尽とか不条理と罵倒的に呼んでいるにすぎない。

乱暴で野卑に見える人たち、金が不足すれば日雇い労働をし、本など読まず、気が向くままに今の欲望を満たすことを先行させる人たちを観察していればわかるように、彼らは教育者が顔をしかめるような言葉づかいをする。

彼らは自己本位で、その場しのぎの生き方をしている。彼らの人生は危険なランダム性のてんこ盛りだ。それなのに、まじめに銀行などに勤めているような人よりもずっといきいきとしている。彼らは人生がランダムであることに慣れているどころか、そのランダム性とたわむれている。だから、頭で考えることに重きを置かない。したがって、彼らの使う言語も文法の論理を無視しているのだ。

そういう人たちは人生においてはタフだ。偶然や突然にさらされているからだ。しかし、わたしたちの人生も同じ割り合いで偶然などのランダム性にさらされているのだ。

自分がいきいきと生きれば、
人生はいきいきと輝く意味に満ちる。
暗く生きれば、真夏の昼であっても
世界には暗雲が垂れ込めるだろう。

『力への意志』

29

わたしたちを解放してくれる人が真の教師だ

どういう人間関係であれ、なにかと縛りたがる人とは接しないほうがいい。その人の内実は強権的であり、人には上下があるものだと考えているからだ。

その考え方自体が悪いというのではなく、一つの考え方に固執するのだから、物事にはいつも絶対的な価値というものがあると確信しているタイプだとわかる。確信していることは容易に崩しようがない。しかし、そのような人は実は少なくない。

なかなか見つけられないのは相手を解放する人だ。ニーチェは、「真の教師はあなたの解放者であるはずだ」と小論『ショーペンハウアー』で述べている。

ニーチェは若い頃にスイスのバーゼル大学で教えていた。大学とはいうものの、当時の規模は小さく、学生の総数は130人ほどだった。

ニーチェが教室で学生に問いを投げかけて答えるようにうながすと、不勉強な学生は答

えられないでいる。すると、ニーチェは耳を傾けていかにも学生の小さな声を熱心に聞いているようなふりをし、
「そうか、きみはそう考えるわけだね。確かにそういう考えもあるかもしれないが……」
と、前置きしてから正答を述べ、学生に恥をかかせないように配慮していたという。

さきほどの「真の教師はあなたの解放者であるはずだ」という意味は、実際の教師ではなくとも、その人がわたしたちを解放してくれるならば自分にとっての本物の教育者であるということだ。

すなわち、**わたしたちをいきいきと自由にさせてくれ、活発に能力を発揮できるようにさせてくれる人こそ、わたしたちにとっての教育者なのだ。**

一方、ニセの教師は上から強権的に教えようとする。一つの問いに対して正確な答は一つしかないと決めつける。尊敬や畏怖(いふ)を求める。価値はすべて決定されているかのように教える。自分が何か偉い存在であるかのようにふるまう。

真の教師はそうではない。物事が多面であることを、事例を使って見せてくれる。考え方や観察眼の多彩さを知らしめてくれる。心を開かせてくれる。自由な発想を喜んでくれ

る。わたしたちの思いや考えに耳を傾けてくれる。

真の教師ならば、わたしたち自身がまだ知らないでいる隠れた能力や感受性を引き出してくれる。それが解放である。

だから、真の教師は必ずしも学校にいるわけではない。しかし、どこかにいる。**どこかにいて、その人自身が自由に能力を発揮して働いている。口先だけではないから、その仕事は輝いているし、その人自身も魅力的なはずだ。**

あるいはまた、その教師は古い本の中にいるかもしれない。いつも愛の眼差しを向けてくれる飼い犬かもしれない。一枚の絵かもしれないし、流れゆく雲かもしれない。

とにかくわたしたちの頭と感受性を解放してくれ、考え方を奔放にしてくれるならば、それは自分にとっての真の教師なのだ。彼の教えこそ、わたしたちを新しく生まれ変わらせてくれるのだ。

あなたがいきいきと自由に、活発に、
能力を存分に発揮できるようにさせてくれる
人こそがあなたの本当の教育者であり、
そこがあなたの学校だということだ。

『ショーペンハウアー』

30

感性を抑えると能力が低下する

物事をうまく処理したり、眼前の問題を解決したりするだけが人生の仕事ではない。しかし、わたしたちは学校教育でこの訓練をあまりにも多く練習しすぎ、その出来具合によって成績をつけられてきたので、そのことに長けることが優秀だという錯覚にとらわれている。

確かに、現代のこの社会生活に適応するためにはその技術の高い人のほうが有利になりやすい。求められる質の公務員や従業員になれるだろうし、出世もするだろう。立派な大人としても遇されるだろう。

それでもなお、本人はどこか不全感を覚えるかもしれない。というのも、社会秩序を支えるための知性や理性のほうばかり働かせていて、もう一方の極にあるもの、生まれつき備わっているものがずっと抑制されているからだ。

なぜそれが抑制されているかというと、秩序ある社会生活に上手に適応するためだ。だからといって、抑制されているものは自然と消失するわけではない。一種の窒息感という感覚で存在を示すのだ。

その抑制されているものとは本能でもあるし、強い感情、愛情、喜びや悲しみの吐露、笑い、ダンスや遊びたわむれること、一種の狂乱でもある。

多くの人は発散してもいい閉鎖的な場にあっても小出しにする。秩序に順応することに慣れてきた理性が自分の立場をわきまえて、ほどほどの感性の発散しか許さないからだ。

これは人間としてはひどくアンバランスなことだろう。右半身しか動かさないで生きるようなものだからだ。そして、**全身を使わなければ泳げないように、感性もまた充分に働かせなければ、人間として不全になってしまうのだ。**

特に、自分の能力を開発して独創的な仕事をしようと思う人は、自分のすべての解放をしなければ十分な創造性に達しない危険性がある。つまり、求められることに応じるだけではなく、本当の自分はこうなんですよとさらけだす姿勢が必要なのだ。

その姿勢をとることによって自分がリラックスし、リラックスしたとたん、これまで抑制されてきた能力が不意に顔を出してくるからだ。そうすれば、従順で謹厳実直なイメージを表現するための埃っぽい地味なスーツはいらなくなる。

もちろん、服装が自由さを決めるわけではない。自由さが見かけや服装までも解放するという意味だ。自由なお洒落のためにネイビースーツを選ぶ場合も当然ある。

重要なのは、どういう気兼ねがあったとしても、自分の感性まで圧殺してはいけないということだ。感性を殺せば、せっかくの能力までそれにつれて低下するからだ。

子供たちはこのことを体でよく知っていて、押さえつけるように命令ばかり下してくる大人を嫌う。さまざまな規則や決まり事を守りたがらないのは、それが自分にとって本質的に無益だと感じているからなのだ。

子供たちのほうがしっかりと見抜いている。社会においても規則や決まり事は、不用の場合でさえも秩序維持をしたがる国家の理性にすぎないからだ。それは高い税金ばかりか、わたしたちの自由と能力を奪いとる可能性があるのだ。

何か創造的な事柄にあたるときにはもちろん、
いつもの仕事をする場合でも、
軽やかな心を持っているとうまくいく。
生まれつきのこの心を萎縮させずに
保っているのが望ましい。

『人間的、あまりに人間的』

31

死に方で人生を判断してはいけない

１８８９年１月３日木曜日、45歳のニーチェは、イタリアはトリノの路上で昏倒して二人の警察官のやっかいになり、病院に運ばれた。周囲の人はニーチェが発狂したと見た。そして彼は妹に看病され、55歳で死んだ。

このことを、発狂して死んだ悲惨な人生だと見る人がいる。

では、死に方は、その人の人生を総括判断する基準となるのだろうか。

人の死に方も、動物の死に方も数多いものではない。事故、殺害（意図的な自殺は自身を殺すことだから殺害に含まれる）、病気の三種類しかない。このうちで殺害されての死はとりわけ悲惨なのだろうか。では、戦死は悲惨なのか。拷問を受けることは悲惨なことに入るだろうが、どういう形であっても、死ぬこと自体は悲惨でありえるはずもない。死ぬこともまた人生の一部分とさえ言える。

私の父は9月に死んだが、それまでの半年間は病室でチューブに繫がれていた。いわゆる延命措置だ。私はこの処置を酷薄なものだと感じた。だから、父が死んでチューブから解放されたとき、安堵と喜びを覚えた。

老衰死を大往生と呼ぶのは、一種の無責任な讃嘆だ。傍目には老衰死に見えたとしても、本当は複合的な病死かもしれない。

しかも、大往生とはどういうことか。これは元の仏教とは似ても似つかない日本仏教がこしらえたいいかげんな言葉であって、何の有意義な意味も含まれていない。大往生がよいならば、大往生と呼ばれない死はよくないということなのだろうか。

それはともかく、**人間の悪い癖は、死に方になんらかの評価を下したがるということだ。**どのような死に方をしたとしても、その死の形がその人の人生を総括する判断基準になるものではない。それなのに、自分がどのように死ぬかも知らないくせに、死に方で他人の人生を勝手に総括して判断する人が少なくない。

鬱病だったアーネスト・ヘミングウェイはみずからをショットガンで撃って61歳で死んだが、その死に方は彼の書いた小説作品の価値を地に落とすものだろうか。

ところが多くの人は、他人の死に方の形をあたかもその人の生の総決算のように考えたがるのだ。

なぜならば、人生を連続した一つのまとまりとしてとらえるからだ。そのまとまりの中にすべての因果があって、その因果の最終結果が死に方だと考えたがる。

そのように考えたからといって、人生が一つのまとまりだという証拠にはならない。

もちろん、物事をどのように考えてもいい。自由だ。

しかし、その物差しで他人を測ってはならないし、その個人的な物差しで他人を価値づけたりするのは明らかなマナー違反だろう。もちろん、自分に対しても同じだ。

測るな。勝手に意味づけるな。採点するな。世間ずれした人々が得意げに読み上げる弔辞に耳をふさげ。

そもそも原因も結果も何かの途中の状態でしかない。
そこに強引に線引きして名前を与えているのは
わたしたちの頭だ。

『悦ばしき知識』

3章
人生に正しい答などない

32

人生に正しい答を求めるな

ニーチェがキリスト教を強く批判したのは、19世紀までキリスト教神学から生まれた価値観と倫理道徳が広く世間を席捲(せっけん)していたからだ。キリスト教の価値観と倫理道徳に沿うべきだという思潮が溢れていなかったならば、ニーチェはキリスト教思想を批判していなかった。

ニーチェが20世紀以降の現代に生きていたならば、彼は資本主義から生まれる価値観と倫理観を強く批判していたはずだ。そして19世紀のときと同じく嫌われていたろう。

はたしてニーチェは何を言いたかったのか。「どこかに価値判断の正しい答があるなどと思うな」ということだ。しかし、多くの人はいつの時代もどこかに正しい答を求める。

一般的な学校教育は生徒に点数をつける。正しい答と誤答を○と×で分ける。すると、生徒はこの世には正答というものが必ず一つだけあると思う考え方に染まっていく。

こう考える傾向は大人になっても続き、働き方にもたった一つの正しい答があると思うようになる。だから、仕事や人間関係についてハウツーを求める。

そして現代は資本主義だから、ビジネスにあっては売り上げを伸ばし続けることが最大の正しい答となる。それが企業の利益追求目的の枠内だけの価値観だということにすら気づかないようになり、その価値観を自分の生き方にも反映させてしまう。

これでは、人生は時間制限のある一つのパズルのようなものになってしまう。最短距離で迷路を脱した者が勝ちというパズルだ。出口はそのたった一つの正しい答である。その出口へ一刻でも早くたどりつくための熾烈な競争が始まる。

ところで、人生はパズルや競争なのだろうか。そもそも、人生は誰にとっても自分のものではなかったのか。人生が自分のものであるならば、他人と争う必要などないはずだ。「人生はゲームだ」とか「人生は戦いだ」という言い草は、欲深い経営者が心理的に従業員を焚きつけて働かせるためのフィクションだ。

正しい答が必ずあるはずだと思いこめば、正しい生き方、正しい働き方、正しい礼儀作法、正しい老い方などが実際にあると思ってしまうようになる。そして結局は、伝統や正統性といった看板に引きつけられていく。

伝統や正統性がいかに残酷で人間性を無視するようなものか、そういう人たちは気づいていない。なぜならば、伝統や正統性はお家制度と同じで必ず絶対的な頂点が設定されているために、おのずと段階的な層がつくられ、それ以外は排除する構造になっているからだ。

これは容易に人を操縦し、支配する。正しさということに魅了されていったん看板をくぐれば、内部には固定されたヒエラルキーとそれにともなう抑圧と苦しみの沼の濁りが待っているのだ。

心の余裕をなくし、
合理的に行動することを重要とみなし、
人間的な事柄を無駄とみなして、
結局は自分の人生そのものを失ってしまう。
そんなことが頻繁に起きているのだ。

『漂泊者とその影』

33

安全など存在しない

「最初の一歩は誰にとっても危険だがとにかく踏み出さなければ始まらない」とニーチェは述べている。

着手しなければ何事も始まらないのはあたりまえのことなのだが、多くの人はこのあたりまえのことをなかなかしないのだ。

彼らはまず、それを手がければ結果として自分にとってどのくらいの利益になるかと予想する。利益が見込めたとしてもすぐには取りかからない。同じことをしている他人の状態と結果をつぶさに観察する。それで安全性と収益性が高いとわかれば、手順を調べる。次にはその手順を実行するにあたってもっとも効率的な方法を探す。

それでもなお、実際には着手しない。準備時間を自分の生活時間の中に細かく割り振ってみたり、達成までの目標をさまざまに立ててわれながら感心して眺める。また、その準備に必要な小道具や書籍を調べてリストにする。さらに自分が描いたプランをもう一度組み立て直したり、点検したりする。どこかに落ち度があるのではないかと精査する。そして、もうこれで完璧（かんぺき）だろうと確信したとき、時間がもう残っていないことにようやく気づく。

現実のどんな物事も論理的に、あるいは前もって思い描いた順を追って進んだりはしない。物事は定速で走る模型のバスに乗っているわけではない。あらゆる物事はランダムに起き、動く。予測など不可能だ。

そういったことを彼らが経験的に知らないわけがない。にもかかわらず、彼らは物事が観念や論理に沿うべきだと考えるのだ。その考えの底にあるのは、自分だけは安全で豊かな生活が送れるはずで、身分も収入も年金も生涯にわたって保障されて当然だという保身的な固定観念だ。

そういう固定観念を育てるのはシステム依存の社会風潮だ。この社会にあっては、システムさえ改善されれば欠陥や失敗や事件や災害が防げるという信仰が蔓延しているからだ。つまり、あまりにも観念的な社会が構築されているのだ。

したがって、ふつうに起こる死、病気、災厄、事故などが、あってはならないこと、悲しむべきこと、不幸とされる。いつどこで起きてもまったく自然なことが、観念とシステムが肥大した社会では、尋常ではないこととされるのだ。

社会がどのように変わったとしても、危険はなくならない。だったら、起こりうる危険におびえるのではなく、危険を承知でみずから物事を始めることだ。

いつまでも観念をいじくりまわしているのではなく、今この現実に自分の足を踏み入れることだ。そうしなければ何も得られない。自己の成長すらもない。

そういった教訓は、世界各地の聖典、神話、伝承でくり返され暗喩表現（たとえば、聖書の「創世記」には、神が部族長アブラムに言う「とどまるな、旅立て」という有名な暗喩表現がある）で述べられてきている。

それなのに、現代人は観念が生んだ一過性のシステムやらマニュアルのほうを過大に信じ、自分がこの先数十年も安全に生きられるかのように思いこみたがるのだ。

すべて、初めは危険だ。
しかし、とにかく始めなければ始まらない。

『人間的、あまりに人間的』

34

問題は「解決」ではなく「解消」せよ

考えて解決できるような問題は、この現実には存在しない。

現実の問題をなんとか解決しようと学者たちがいろいろと考えているが、現実に対しては有効ではない。現実の経済と、経済学者の理論や予想を比べてみれば明らかだ。

では、いくら考えても解決できないのならば、考えることは無意味なのだろうか。そんなことはない。考えて損はない。

ただ、考えてばかりでは、あるいは、考えて一つの解決方法を見出した場合でも、問題はそれでいっこうに解決されない。なぜならば、どんな問題であっても、いつまでもどこかに固定されて静かに座っているものではないからだ。

問題というのは複雑な生き物と同じだ。日々動いて変化し、移動している。

破れて中身が流れ出たり、ジャンプしたり、爆発したりする。時間がたつと、産気づいたようにこまごまとした問題をぽろぽろと産み出してあちこちに散らかす。
わたしたち一人ひとりにとってのいろいろな問題もまったく同じ生態だ。

問題をきちんと解決する義務などない。整然と解決しようと思ったりすれば、またあれこれと考えざるをえなくなる。そんな時間などもうないはずだ。

それよりも実際に効果的なのは、問題をすっかり変質させてしまうことだ。変質さえできれば、問題が持っていた不快さも変質して耐えやすいものになってくるからだ。あるいは、問題自体が自壊しやすくなる。

問題を変質させるためには少しばかりの勇気がいる。それは、手ずから関わることだ。これまでのように傍観したまま考えたり誰かになんとかさせようとするのではなく、みずから関わってみることだ。

すると、その問題の実質は見かけの大きさとちがうと実感できる。そう感じたときにはすでに、まず何から着手すべきかということがおのずからわかってくるはずだ。

とりあえずそこから始めるのだ。いったん始めさえすれば、あたかも誘導されるかのように次に手をつけるところがおのずと浮かび上がってくる。次の修理箇所はそこだ。

わずらわしさを回避するためにシステムやマニュアルを応用したくもなるだろうが、それがいちばん危険だ。掃除の経験でわかるように、家電など便利な道具を使用することによって自分の手の感触がなくなり、問題がブラックボックス化するからだ。これは目をつむってモンスターと戦うことにひとしい。

自分の手をつけているからこそ、問題の心臓の場所、変化、急所がありありとわかるのだ。その感触は自分の手でしかわからない。

大きな組織や企業が潰れるのはトップが問題に手をつけずに、数十もの厚いドア越しに問題の噂を遠く聞いているだけだからだ。組織が脆弱(ぜいじゃく)なのではなく、心と手が脆弱なのだ。

自分の手で問題をじかにさわっているわけだから、それは愛撫(あいぶ)と同じだ。馴(な)れなかった捨て犬も世話しているうちになついてくるように、問題も手なずけることができる。

そのときにはもう問題は変質を始めていて、こちらからコントロールできる箇所がはるかに多くなってきている。

こうして問題は解決されるのではなく、解消されるのだ。

ある事柄が不合理だからといって、
その事柄を廃止してしまう第一の理由にはならない。
不合理だからこそ、そのような事柄が必要とされる
一条件となっている場合がかえってあるからだ。

『人間的、あまりに人間的』

35

人間は不可解なものだ

異常な体験、あるいは神秘的なとしか言いようのない体験をしたことがある人もいるだろう。これとは逆に、そういう体験をまったく知らない人もいるだろう。

ところで、たくさんの神秘的な体験をしたから、いわゆる霊界やあの世が存在する証拠だといえるのだろうか。そういった体験などしたことがないから、神秘の世界は存在しないと断言できるのだろうか。

おそらく、神秘体験をするかどうかは、その人のふだんの考え方や出来事の受け止め方に左右されるだろう。つまり、体験のありようというものはどうしてもそれまでの知識と認知の仕方に影響されるからだ。

たとえば、ＵＦＯという言葉や概念を知っていなければ、ＵＦＯを目撃したという体験は生まれようがない。幽霊、妖怪、神や天使という言葉や概念についても同じだ。

それでもなお、不思議なものを見たり、体験することがある。

不思議な体験の、もっとも日常的で最小のものは、偶然の出会いなどだろう。その偶然になんらかの意味合いをつけると、偶然の出会いが自分にとって何か重要なことを示唆するサインや教えとして受け取られる。

ところが、偶然の出会いを確率論的にありえることだとしてしまうと、その偶然はたちまちのうちにすべての意味の含みを失い、無味乾燥なものになってしまう。

では、そのどちらが人生に彩（いろど）りや情緒を与えるだろうか。むろん、前者だ。だから、文学や物語は偶然や不思議な体験に充ちている。

広い意味での神秘的な体験がないとする人は、すべてのことを合理的なものに還元（かんげん）しようと努めている人だろう。

そういう人は、国語辞典に記述されている言葉が人間の言葉のすべてだとしている人のようなものだ。つまり、表情や身体の言語を認めない。もちろん、そんな人はほとんどいないし、表記されない言語も認めざるをえないはずだ。

何事もどうにかして説明されうるもの、合理的に解明しうるものであるはずだという態度は科学的に見えるものの、人間について片目でしか見ていないともいえるだろう。というのも、一方において人間の深部にある不可解さを容認していないからだ。

就寝時に見ている夢の脈絡のなさや混沌ぶりを思い起こせば気づくように、わたしたちの奥底には理性でも言語でもとうてい把握できない不可解なものが盛んにうごめいている。

それは、どうにも名づけようのないものだ。しかしたぶん、それがわたしたちの内側から湧き上がってくるものの源泉になっているのかもしれない。

つまり、多彩な感情、想像と創造力、洞察力、感性といったもののことだ。これらなくして、わたしたちは充分には生きていけない。

感覚や官能を、下品だとか、偽りだとか言って、
自分から無理に遠ざけてしまわないように。
人間は昔から感覚を芸術化し、
文化というものをつくってきたのだから。

『力への意志』

36

頭ではなく体にこそ智恵がある

いつのまにかわたしたちは、体よりも精神のほうがすぐれているという考えを教えられてきている。

精神が主人であり、体は精神に仕える従者だという考え方だ。これは新プラトン主義の哲学とキリスト教の神学思想に源泉がある。ことさらに心を重視する考え方もそこから来ている。

その思想が混じった学問が明治期に輸入されたために学校教育にもその考え方が影響し、理性というものがなんだか立派なものであるかのように教えられるのだ。

しかし、ニーチェはこの考え方は逆だとした。体こそが主人であり、精神や理性、また感覚器官などはその体に仕える小さなオモチャのような道具にすぎないとした。

そして、体こそ大いなる理性である、とまで述べた。それゆえに、「何があっても自分の体を軽蔑するようなことをしてはならない」と。

体そのものが最大の理性だというニーチェの主張は、現代人のわたしたちにはあまりにも奇妙にしか聞こえないだろう。

たとえば、わたしたちのふだんの経験で疲労を感じるときはどうだろうか。疲れたと口に出さざるをえないときは医学的にも相当に疲労困憊している。

しかし、ちょっとしか疲れていないからまだ大丈夫と誰かに言い訳するときは、本当にわずかしか疲れていないのだろうか。自分の体について嘘をついていないだろうか。

そして、疲れを判定するのは何だろう。理性だろうか。考えだろうか。

いや、疲れを判定し、疲れを認め、疲れそのものを最終的に受けとめているのはわたしたちのこの体だ。決して理性なんかではない。

体が疲れれば、理性はまともに働いたりしない。感覚もおかしくなる。体がすこやかなときに限って、理性は元気で勇ましい意志を表現する。理性も感覚も体のありように従属しているからだ。

知識や智恵というけれども、わたしたちが学んで吸収した小賢しい智恵よりもはるかに偉大な智恵を、わたしたちの生身(なまみ)の体が休むことなく実践し続けている。

そうしないと、全身が死んでしまうからだ。自律神経の働きの例を出すまでもなく、体は最善の智恵を使って自分を保っているのだ。

理性は体を支配してはいない。それが具体的にわかるのは、ＰＴＳＤ、すなわち心的外傷後ストレス障害でトラウマを抱えた場合の経験だ。

横断歩道を渡ったときにクルマに撥(は)ねられて骨折した経験を持つ人は、その半年後くらいまでは横断歩道の手前に来たとたん、足がすくんで立ち止まってしまう。理性による思考で安全だとわかっていても、体が危険を記憶していて足を止めるからだ。これが体の理性の現れだ。

だから、わたしたちは、何もかも頭だけで判断しないで、自分の体にもじっくり問う必要があるだろう。この体からの返答にこそ、命のための智恵があるからだ。

精神や理性といったものがいざ働く前に、
わたしたちの肉体はみずから生存にとって
最善の働きをしているではないか。
この肉体こそ、生存の智恵に満ちた
大いなる理性と呼ぶべきものではないだろうか。

『ツァラトゥストラはかく語りき』

37

自意識がなくなるまで集中してみる

何か物事を完遂したり、または完成させたり、あるいはまた、望んだ目的や地点に到達しようとする場合は、そこに行きつく前にどうしても持続的な集中が必要とされる。

病気を治す場合も同じだ。完治まで集中して治療を受けなければ、体は回復しない。文章を書く場合も、勉強する場合も、恋愛を続行させる場合も、それなりの集中が必要になるのは誰もが経験として知っていることだ。

物事を成就させるために実際的に有効ではないノウハウはごまんとあるが、集中はどんな場合でも必ず有効であるどころか、不可欠だ。その意味でノウハウの最高峰に立つのは集中だろう。

そのことを知っている企業では、社員に集中力をつけさせるためにマインドフルネスの実践などを導入している。マインドフルネスというのはいわゆる瞑想だ。瞑想とは読んで字のごとし、何も思わないことだ。この瞑想によって不必要な雑念を捨てさせ、社員を仕事に集中させるためだ。

企業が行なうマインドフルネスは結果的に以前よりは集中力を高めるし、その前に身心のリラックス効果がある。ただ、この集中力はある程度までで頭打ちになる。

言い換えれば、集中する力をすごく高めはしない。自分の作品をつくりあげるのが仕事であるようなプロたちの没入のレベルまで達することはない。

というのも、最終目的が売り上げと利益の増大だと設定されているからだ。それがすでに意識されている以上、集中力はまあまあの程度にしか高まらない。たぶん、マインドフルネスを採用している企業はその程度で十分だとしているのだろう。

何か物をつくりあげる仕事をしている人たちは、物事を註文どおりに完成させるために集中してたずさわっているのではない。利益や賃金のためではない。なんらかの目的のためということがない。

なんらかの目的のためならば、本当の意志はその目的を達成することだ。そして、自分がしていることは目的を得るための手段となる。

彼らはしかし、自分がしていることを手段と考えることは一度もない。彼らにとっては、自分がしていることがすべてなのだ。出来がよいとか悪いとかもその場では考えもしない。遊びに熱中している幼児と同じなのだ。

これを言い換えると、彼らは「全人没入」しているのだ。

この状態にある彼らから、一部のスキルを取り出して汎用性のあるノウハウにしたところで、彼らと同じレベルに達することはできない。なぜならば、全人没入という最高度の集中があってのみ、そのスキルは創造の有効な力となるからだ。

最高度の集中をしている人は、誇張ではなく自己すら忘れている。雑用も悩みも税金の支払いのことも忘れている。ある意味で、この世にいない。だから、彼らには時間感覚がなくなる。空腹であることも忘れるのだ。

企業内の仕事ではここまでの集中力は求められていないだろう。しかし、見習うべきこともある。それは、仕事をしているとき、自意識がなくなるということだ。その一点だけでもできれば、マインドフルネスがなくても集中力はこれまでになく高まるはずだ。

活発に活動しているとき、
何かに夢中になって打ち込んでいるとき、
反省したり、振り返って考えたりはしない。
だから、自分をだめだと思ったり人に対して
憎しみを覚えたりしたときは、疲れている証拠だ。
さっさと自分を休ませなければいけない。

『曙光』

38

一度成功した方法が
またうまくいくとは限らない

成功した人の道をそっくりそのままたどることはできない。他人が歩いた山道はすでに崩れていて、獣も通ることができなくなっている。

あるいはまた、誰かがすでに制覇した山々はだんだんと低くなってついには平坦になり、今ではもう砂漠になっている。

人間というのは、過去の事柄を学び、構造を分析し、全体的に理解し、再現するかのように説明できるという能力を持っている。この能力は学校教育でいっそうつちかわれる。

また、この能力の強さについて教師から高い点数がつけられるものだから、自分は全般的に高い能力を持った人間だと思いこむようになる。秀才くんの誕生である。

すると、秀才くんはいわゆる成功への道程を研究し、その道筋通りにたどれば成功するはずだと確信する。その道筋がすべて過去の一回きりのものだということをすっかり忘れて。こうして成功法なるものができあがる。

その成功法は現実においては役立たない。なぜならば、その成功法は過去の事例から恣意的に抽出された結果論でしかなく、美しい頂上を抱いていたであろう山々は今ではすっかり荒れた砂漠になっているからだ。

わたしたちはみな、物事を線形で考える癖がある。その線は因果で結ばれている。したがって全体として首尾一貫したストーリーのように整然とした形になっているために、他の人もすんなりと理解できる。

会話ではなく、まとまって話されるものはすべてそうなっている。物語もそうだ。そしてまた成功法もまたそうであるからこそ、理解しやすく魅惑的に映るのだ。その通りに行なえば、実際に成功が約束されるかのように錯覚するのだ。

人間が、物事を線形で考え、その線を因果で結ぶ癖があるのは、文法のある言葉を使うからだ。文法があるから、はしょったり、つなげたり、結論づけたりするのだ。そうすると、原因と結果のはっきりした一貫性のあるお話ができあがることになる。

しかし、実際はそれほど単純ではない。現実に起きるどんな事柄にしても、一種のカオスであり、非線形であり、蓋然性(がいぜんせい)よりも偶然性や突発性のほうが頻発し、わかりやすい因果関係などとうてい結びようもないほど複雑だ。

そのことをわたしたちは経験で十分に知っているはずだ。それなのに、成功法を聞いてなるほどと思い、歴史を語られてなるほどと思うのだ。それでもなお、わたしたちはそうすることでしか学ぶことができない。

だから、語られたことをまるごと事実や絶対の法則だと信じこむのではなく、今後も別の形で発現することとしてわきまえておくような知り方、たとえば道具箱に今は不用でもさまざまな種類の工具を揃えておくような知り方をするほうがいいだろう。

というのも、どういう事柄であれ、そこには人間の経験が含まれているからだ。それは今後にちがう形で自分の場合にも起きえることだ。だから、それを知っているかどうかで自分のかまえがちがってくるし、登頂に慎重さや注意深さも加わってくる。

なぜなら、昔の人とは別の山に登るのだけれど、一歩ずつ自分の足で登るということでは同じだからだ。

すでに誰かが確立した道をたどるな。
自分の道を行け。ただ茫漠とした中に
自分の道を広く築け。
自分を自分自身が導いて、堂々と進むがいい。

『悦ばしき知識』

39

原因があって結果があるという考え方をやめる

原因と結果という考え方がある。しかし、原因も結果も特定できるはずがない。この言い方をしてなんらかの利益が見こめる人だけが原因だの結果だのと口にするのだ。

たとえば、政治家は「自分がこの政策を立てたから街が活性化した」などと言う。街の活性化の原因を自分の政策だと断定している。これは、政治家がしょっちゅう使う詭弁の一つだ。論理学からいえば、これは「後件肯定のエラー」と呼ばれる典型的な誤りである。それに、多くの人が気づかないだけだ。

街の活性化は他の要素や条件がからみあってもうながされるし、大きな事故が起きても契機になる。それほど複雑だから、原因としての要素を特定できるはずなどない。

電車で痴漢して捕まった人や万引きをして逮捕された人はストレスが原因だと言い訳を

する。ストレスやプレッシャーがあるから多くの仕事ができる人もいるのに、不思議なことに彼らは法に触れることをするのだ。しかも弁護士までストレスが原因だと言う。

じっくり時間をかけて本を書いたとしても、その時間に比例して本が多く売れるわけではない。マルチタレントとしてメディアなどへの出演のためにいつも時間がなかった野坂昭如氏の代表小説『火垂（ほた）るの墓』はたった6時間で書かれたというのにたくさん読まれている。もちろん、この結果の原因を短い時間だということはできない。

何かをすれば、必ず特定の結果が現れるということはない。物事はどうにでも変転していくし、いかようにも周囲に影響を与える。中国古来の有名な故事「人間万事塞翁（ばんじさいおう）が馬」はそのことを物語にしている。

胡（こ）という異民族の住む国境のこちら側に住んでいた老人の馬が逃げて胡の国へ行ってしまった。近所の人々が老人を慰めると、老人は「まあそのうちに福が来るかもしれんさ」と言った。やがて、逃げた馬が戻ってきた。馬は胡の駿馬（しゅんめ）をたくさん連れ帰ってきたのだった。

このことを近所の人が喜んで祝うと、老人は「今回のことがかえって災いになるかもしれんな」と言った。すると、老人の息子が落馬して足を折ってしまった。近所の人がまたもや気の毒がると、老人は「これが福を呼ぶかもしれん」と言った。

それからしばらくして胡が攻めてきて戦争となった。多くの若者たちが戦死した。しかし、その老人の息子は足の怪我のために戦争に行けなかったので命を落とさずにすんだ。

原因と結果の結びつけを自分で決めつける人は依怙地（いこじ）であるし、滑稽（こっけい）なほどに線形的な考え方をしている。彼らが考えているほどこの世で起きることは単純ではない。実験室での物理実験ではない限り、原因と結果は結びつけられない。

なぜならば、この世で起きるすべてのことに人間が関わっていて、そのせいでいくらでも状況が変化し続けるからだ。したがって、さきほどの故事には「人間」としるされている。これはジンカンと読み、人間のことではなく、世間を意味している。すなわち、物語としては世間における物事の変転をさとしているのだ。

原因と結果とで物事の本質を理解したように
感じるのは思い込みにすぎない。
多くの人が同じように考えたとしても、
それが正しさの保証にはならないのは当然のことだ。

『曙光』

40

友人は自分を成長させてくれる

どういう人を信じるべきか、どういう人が自分の友人なのかは、何か大きな苦難が生じたときにはっきりとわかる。

自分の利益しか考えていないような人はすぐに逃げ出すか、手のひらを返すからだ。あるいは、苦難に乗じて自分だけ得をしようと画策する。

そういう人を、「機を見るに敏」だとも、「世渡り上手」だとも、「狐のように狡猾」だとも、形容できる。しかし、信を置くことはできない。いざというときに有形無形の担保なしで信用できないのならば、友人ではないだろう。

戦友の絆が堅いのは、常に死にさらされる危険に囲まれた戦争という苦難の中でそれぞれに人間性があらわになる状況に多々あったからだ。つまり、互いの本性をよく知り、信を置けるかどうか明瞭だったからだ。

戦時下よりもずっと安全な都市生活において友人を得るのが難しいのは、演技や虚飾だけでも十分に生きていけるし、代えはいくらでもあるからだ。だから、簡単に別れたり裏切ったりできる。人間としてのつきあいが真剣ではないのだ。

ニーチェは、友人を失う契機として嫉妬とうぬぼれを挙げている。

嫉妬は、自分と相手を同一視しないことから生じる。相手もまた自分と同じだという感覚があれば、相手の喜びが自分の喜びにもなるはずだからだ。関係のいい親子にはそういう共感がしばしば見られる。

うぬぼれは、自分の優越を確信したがる人、自分だけはちがっているのだと思いたい人に起きる。相手と自分を同じ地平で見たくないのだ。すでにその点で最初から、相手と宥和する気がないため、友人ではありえなくなる。

そういう人は肩書きで呼ばれるのを好むし、互いの言葉づかいについて神経を使う。その意味で、彼は社会生活の役割における人間しか見ていない。素の人間ではなく、演技としての人間しか眼中にないのだ。だから、関係もまたそのようにしか結べない。

ちなみにあのアドルフ・ヒトラーは11歳でオーストリアのリンツ実科中等学校に入った

とき、「私は、将来的に小役人程度にしかならないような連中と席を並べねばならなかった」と述懐している。この傲慢さもはなはだしいうぬぼれだ。

うぬぼれが強い人は、自分が本当はどういう人間であるかをまったく知らない。常に自分を他から隔絶して特別扱いしているからだ。

しかし、**うぬぼれがなく、友人を持っている人は自分がどういう人間か知る機会に恵まれている。**なぜなら、腹を割って友人と話すことによって、自分が何をどう考え、実際にどういう行動をしているのかということがやっと明白にわかってくるからだ。

この意義はとても大きい。小さなコップの中で勝手に考えて思いあぐねていながら、ついには自分自身を錯覚する手前でふと正気に戻されるからだ。また、人生の迷路にさまようことを防ぐ作用もある。

だから、友人との会話は、他人からは暇つぶしに見られるかもしれないが、自分を高めて自己超克していく絶好の機会となる。同時にまた、相手の友人も人間として高められるという相互作用が生じる。これと同じ効果を、教育機関である学校から得られることはめったにない。

共に苦しむのではない。共に喜ぶのだ。
そうすれば、友人がつくれる。
しかし嫉妬とうぬぼれは、
友人をなくしてしまうからご注意を。

『人間的、あまりに人間的』

41

善悪の差別をせずに受け入れる

自己実現だの自己超克だのと言うと誤解したイメージを抱く人がいる。自分を高めるという言い方に拒否反応を起こす人もいる。

なんだか聖人君子になるための道が説かれているというふうに感じるのだろう。その道へと昇る崇高な階段があるように思ってしまうのだろう。しかしそれらは勝手な思いこみだ。自己実現も自己超克もふだんの生活の中で行なわれるものだ。

自己実現をすれば人間として偉くなるというわけでもない。ただ、人間になる、だけだ。すでに人間なのに今さら人間になるという言い方はおかしく思われるかもしれない。しかし、おそらく多くの人はまだ人間ではないのだ。

というのも、わたしたちの中にまだ善悪という価値観が根強く残っているからだ。善はいつもプラスのものであり、悪はマイナスであり、できることならばなるべく多くのプラスを蓄えたいという性向があるなら、まだ人間ではないということだ。

善悪だのプラスマイナスだの成功だの失敗だの、出世だの落伍だの、勝者だの敗者だの、そういった差別的な価値観はたんなる観念だ。絵空事だ。黒板に描いた粗末な図式だ。生きていれば誰でも、いわゆる善や悪とでもいうべきものに出逢う。そのうちの善だけを選択して生きていくべきだというのだろうか。それは不可能だ。

クレヨンではないのだから、物事も人物も善悪別に色分けされているわけではない。善悪というのは、自分にとってつごうのいいものを善として抽出した場合の観念だ。実際に悪だけに染まった人がいるわけではない。

集団で強盗をする人たちは法的に見れば悪人だろう。しかし、彼らは強盗をするときには必ず善人でもあるのだ。なぜならば、計画を練り、協力して強盗にあたるという信頼関係がなければ物事が遂行されないからだ。協力も信頼も善だろう。悪をなすにもどうしても善が必要なのだ。

善悪はたんに観念であり、それを体現したものなど現実には存在しない。

たとえば、人間の体に与えれば悪い作用をもたらすとわかっているものであっても、微量ならばかえって体を頑健なものにする。ワクチンや乳酸菌はその典型だ。

自己実現においても、いわば悪いもの、いやなものがあり、それらに正面から向かったときに、わたしたちは生き方や考え方を改めたり、自分の新しい能力に気づいたりすることができるのだ。人間関係や仕事においても、ストレス、アクシデント、プレッシャーがあるからこそ、別の方法を探したり見出すことができたり、自分の知らなかった力が出たりする。それが人間になるということだ。そんなことは無駄だから自分の行動を賢く選択して要領よく生きたいというのならば、それは新生児室の保育器の中でのみ生きていきたいと言い張るのと同じことだ。

自己超克、自己実現をしたいという気持ちが本気ならば、どうしてもこの世界にあるすべてのものをいったんは素直に認めなければならないことに気づくだろう。差別も排斥もせず、カオスのようでありながら自壊せずにいる世界のありように、まずは感動を覚えなければならない。

それができたとき、わたしたちは他人を、そして自分をも本当に赦(ゆる)せるはずだ。そこから、本能も理性も潜在能力も持っている人間になるための最初の歩みが始まるのだ。

自分の中にある悪について見ぬふりをしない。
むしろ自分の中の悪に対して丁寧に対処していく。
そうすることでわたしたち自身を
人間としてより大きく健やかに育てることができる。

『生成の無垢』

42

頭で考えることには限界がある

何が起きるかはもちろん、何ができるかできないかについても事前に予想できない。頭で考えて、まあ不可能だろうとされたことでも、やってみたらできてしまったということはたくさんある。

たとえば、どんな器具も使わずにＡ４判の紙を数秒で30メートル先に届けることができるだろうか。紙をこねるようにして丸め、ボールのようにして投げたらどうか。

それでは空気抵抗が邪魔するからせいぜい20メートルくらいまでしか届かないだろう。では、紙飛行機にしてみればどうか。これならば30メートル先に届く。ただし、よく飛ぶ紙飛行機を折った場合だ。

では、帆を張ったヨットを逆風の中で前進させることができるだろうか。頭で考えれば、帆が逆風をはらんでヨットは後退しかしないように想像される。ところがヨットマンは帆を右に変え左に変え、逆風の中をジグザグに縫うようにして前進するのだ。

こういったものが、実践から生まれた知性だ。**頭で考えたことなど限界があるし、頭で考えることは、自分の持っている常識の枠内から外へ出ようとしないのだ。**頭で考えて結果が予想できるならば、試行錯誤をくり返し続ける実験室や実地試験は必要なくなってしまう。

わたしたち自身についても同じことが言えるだろう。これこれをすればこういう結果になるだろうと考えてもいいが、そうして考えられたことは事実ではないのだ。どうなるかは、実際にそれをやってみなければわからないことだ。

手がけてみて初めて発見することがたくさんあるだろう。難しいだろうと予想していたことが意外と簡単だったり、一つの小さな障碍（しょうがい）が難物になることだってある。ある商売を成功させるためには製品や広告のよしあしではなく、接客の仕方がネックだとわかることもある。ヴェテランの場数とはその実地体験のことなのだ。

このような実践の知は前もって教育することができない。わたしたちそれぞれが事にあたって、その場での知性が得られるからだ。そして実践の場では、わたしたちの長所短所が逆に迎え入れられる場合すらある。たとえば、陰気さが落ち着きと見られ、笑顔が人をバカにした顔に見られ、とつとつとした下手なしゃべり方が誠実さに見られるようにだ。

人生も同じだ。生きてみなければわからない。恋愛も同じだ。つきあってみなければわからない。すべての学問をやってようやくそのことに気づいたのが、ゲーテの『ファウスト』の主人公である老ファウスト博士だ。そこでファウストは悪魔メフィストフェレスの誘惑に乗って若返り、徹底的に行動を中心とした人生を始める。

やってみなければわからないのは、自分を高めようとする場合も同じだ。前提条件や時間だのが障碍になるわけではない。自分がどう変わるかも、実践してみなければわからない。その速度すら予想できない。

しかし、多くの人の経験から予想できることもある。それは、何をするにしても、障碍、困難、苦痛といった大小さまざまな問題が必ず生じるということ、そしてそれらをどうにかして乗り越えたときに摑めるものこそ自分自身の人生になるということだ。

体験せよ。臆せずに体験せよ。
自分の心と体で、深く体験せよ。
体験だけではすまない。自分の身につけよ。
いや、まだ足らない。身につけたことは一つも
余すことなく活用せよ。
人生は、おまえ自身が生きる旅路のことなのだから。

『人間的、あまりに人間的』

43

変わることを恐れるな

自己超克を続けて自分を高め、その道を歩き始めれば、ちょっと異質だと見られ始めるだろう。もっと進めば、やがては多くの人とそりが合わなくなるだろう。

その代わり、今まで会ったことのない人々とめぐりあう縁が生まれるだろう。

職種が変われば人間関係がすっかり変わるようなものだ。住む場所が変われば環境や食事もまた変わるようなものだ。

いずれにしろ、人間は変転していくものだ。ずっと同じ場所にとどまっている人も多いのだが、**一つ何かをしようとするならば、たったそれだけで変転しなければならなくなる。**それが、生きるということだ。

政治犯としてローマ式十字架にかかって死ぬことになるイエスは生前にこう言った。

「真実を口にするようになった者は、郷里ではまったく受け入れてもらえない（一般の訳では、「預言者、郷里に容れられず」）」

今から二千年以上も前であっても、郷里に住む人は、人の変化を認めなかったのだ。郷里を離れない彼らは、人間は幼いときのままでいるのがふつうだと思うのだ。その人たち自身の内面の変化が、自分でも気づかないほどごくわずかだからだ。

田舎にずっと住んでいる人だけがそうだというわけではない。都市部に根を下ろした人も、他人をいったんレッテルづけしてしまえば、そのレッテルを自分の手で剥がそうとはしない。しかも、そのレッテルは自分よりもずっと低いものになっているのが常だ。

そういった人々には堅い信仰とでもいうべきものがある。自分は立派に完成した大人であり、人の性質や性格は血統や家柄のように歳をとってもずっと変わらずに刻印されているものだという頑迷な保守的信仰だ。

もし誰かが大きく変わった姿を見せるようなことがあるならば、どうかしてしまったのか、あるいは思い上がった演技をしているのだと考え、年月が経つという変化しか無条件では認めないのだ。

彼らがどういう信仰を持っていようとも、事実として世界も人間も刻々と変わる。世界ですら変わり続けなければ命脈(めいみゃく)を保ってはいけない。変動する世界が常態(じょうたい)なのだと喝破(かっぱ)したのはショーペンハウアーだ。停止しているものは何もない。

同じことをニーチェは「脱皮しない蛇は死ぬ」という言葉で表現した。

この有名な箴言(しんげん)の二行目は、「意見や態度を変えることを妨害された者も死ぬ」というものだ。つまり、**精神も新陳代謝(しんちんたいしゃ)してこそ生きられるということだ。**ここでの新陳代謝とは、古い自分の否定と超克を意味している。

興味深くも、この箴言の次にはこういう箴言が刻まれている。

「忘れるな！——われわれが高く上昇すればするだけ、飛ぶことの出来ない人々にとっては、一層(いっそう)われわれが小さく見える」（茅野良男訳）

飛ぶことの出来ない人々とはもちろん、自己超克をせずに変転しない人、慣習と固定観念と血縁、地縁の地にへばりついている人のことだ。

その人たちから仰ぎ見れば、自己超克をして高みへ昇る人は遠くを飛んでいるためにとても小さく見える、つまりとるに足らない存在に見えるというわけだ。

さて、ニーチェのこういう文章をあらためて読んでみれば、どこか奇妙な感じがするはずだ。哲学書であるはずなのに、比喩や暗喩の表現に満ちていてまるで詩文だからだ。

ふつうの哲学の本ならば、くだくだしい説明や論理ばかりであるはずだろう。ところが、この文章は印象的な詩文だ。

この理由は二つ考えられる。一つは、ニーチェが哲学を詩芸術にしたかったことの表れ。もう一つは、哲学を詩文で表現することにまで達したニーチェという哲学者自身の自己超克の具体的な表れだ。おそらく、後者だろう。

そこからわかるのは、ニーチェは頭だけで哲学をしていなかったということだ。みずから自己超克を続け、さらには哲学をも超克して変身させ、まったく新しい哲学の表現に達したということだ。

手すさびに詩を書いていた哲学者は他にもハイデッガーなどがいるが、みずからの自己超克の哲学そのものを詩として大胆に表現したのはニーチェだけだ。なぜかこのことを学者たちは指摘していない。

だが、ニーチェを読んでいた小説家の開高健はあっけなく見抜いていた。彼は『風に訊け』にこう書いている。

「哲学は、理性で書かれた詩である。あれは詩なんだ。論理と思ってはいけない。詩なんだよ」

さて、ニーチェは自己超克を飛翔にたとえることが多かったのだが、砂漠を歩くことにたとえたこういう文章も残している。ここにある前進も精神の新陳代謝としての自己超克の暗喩となっている。

私は前進するのが好きだ。前進していく人々が好きだ。
自分自身をも幾度も追い越し、ずんずん進む人が好きだ。後ろや前にいる人が誰なのかなんてまったく考えもせずに勝手に歩いていく人が好きだ。
立ちどまったりすれば、自分は独りだとわかる。でも、立ちどまる必要なんてない。
砂漠はもっともっと広いのだ。

『曙光』

脱皮しない蛇は破滅する。
人間もまったく同じだ。
常に新しく生きていくために、
わたしたちは考えを
新陳代謝させていかなくてはならないのだ。

『曙光』

生き方はニーチェに聴け！

発行日　2018年　2月25日　第1刷

Author　白取春彦

Illustrator　市村 譲
Book Designer　長坂勇司（NAGASAKA DESIGN）

Publication　株式会社ディスカヴァー・トゥエンティワン
〒102-0093　東京都千代田区平河町2-16-1 平河町森タワー11F
TEL　03-3237-8321（代表）
FAX　03-3237-8323
http://www.d21.co.jp

Publisher　干場弓子
Editor　藤田浩芳

Marketing Group
Staff　小田孝文　井筒浩　千葉潤子　飯田智樹　佐藤昌幸　谷口奈緒美　古矢薫
蛯原昇　安永智洋　鍋田匠伴　榊原僚　佐竹祐哉　廣内悠理　梅本翔太　田中姫菜
橋本莉奈　川島理　庄司知世　谷中卓　小田木もも

Productive Group
Staff　千葉正幸　原典宏　林秀樹　三谷祐一　大山聡子　大竹朝子　堀部直人
林拓馬　塔下太朗　松石悠　木下智尋　渡辺基志

E-Business Group
Staff　松原史与志　中澤泰宏　西川なつか　伊東佑真　牧野類

Global & Public Relations Group
Staff　郭迪　田中亜紀　杉田彰子　倉田華　李瑋玲　連苑如

Operations & Accounting Group
Staff　山中麻吏　小関勝則　奥田千晶　池田望　福永友紀

Assistant Staff　俵敬子　町田加奈子　丸山香織　小林里美　井澤徳子　藤井多穂子
藤井かおり　葛目美枝子　伊藤香　常徳すみ　鈴木洋子　内山典子　石橋佐知子
伊藤由美　小川弘代　越野志絵良　小木曽礼丈　畑野衣見

Proofreader　文字工房燦光
DTP　株式会社RUHIA
Printing　中央精版印刷株式会社

ISBN978-4-7993-2230-7